रत्नावली की कवितावली

सरिता पान्डेय

Title : Ratnawali Ki Kavitawali

Author : Sarita Pandey

Published By-

Anjuman Prakashan

942, Mutthiganj, Prayagraj, 211003

www.anjumanpublication.com

anjumanprakashan@gmail.com

Price in india: 250.00/-

Printed and bound in India.

Paperback first published by Anjuman Prakashan in 2024

Copyright © 2024

Cover & Typeset by Anjuman Prakashan

ISBN : 978-81-19562-31-2

गुरु वचन

मात्र भक्ति, मात्र ज्ञान, मात्र धर्म, मात्र कर्म व वैराग्य का कोई मूल्य नहीं है।
भक्त का हृदय, ज्ञानी की आँखें, कर्मी के हाथ, हृदय में अनुराग,
इन चारों के एकीकृत होने से चारों धाम की अनुभूति प्राप्त कर,
मानव जीवन सार्थक होता है।

ओम नमो भगवते वासुदेवाय।।

श्रीमद्भगवद्गीता के महानायक रासबिहारी, नयनपथगामी, सर्वांतर्यामी,

आदि पुरुष अविनाशी, हम सब के प्राणाधार, मेरे इष्ट, मेरे प्रभु,

प्रियाकांत जू सरकार, चन्द्रचूडामणि, प्रिया प्रीतम, श्याम श्यामा जू,

श्री राधा माधव, अखंड कोटि ब्रह्माण्ड नायक, सर्वेश्वर भगवान,

श्री वृंदा विपिन बिहारी, श्री यशोदा नंदन, श्री देवकीनंदन,

नंद नंदन श्री कृष्ण के चरणों में अर्पित।

वंदऊ कुल महान...

गुरुदेव चरण शीश धरु, संतन करूँ प्रणाम।
कृष्ण कृपा की छाँव में, सबका हो कल्याण।।

प्रणत नमन माँ सरस्वती, शतदल चरण चढ़ाऊँ।
रतनावली की कृपा से, लेखनी का वर पाऊँ।।

सुरभित चेतन अस्तित्व सृजन तुम्हीं से पाऊँ।
मधुर मनोहर काव्य ग्रंथ, मैं मंद मति गुण गाऊँ।।

परशुराम, पद्मावती वंदऊ, हुलसी आत्मा राम।
तारक जननी रतना वंदऊ, तुलसी कुल महान।।

वंदऊ विद्वत समाज को, वंदऊ संतन वेष।
जिनकी कृपा से मेरे हुए उल्टे-सीधे लेख।।

वंदऊ रतना शक्ति की चरणन शीश नवाऊँ।
गुणवंती तुलसी पत्नी भाषा सरल सुनाऊँ।।

"सरिता" रतना नेह की त्याग समर्पण नाम।
स्याह रात की परछाई में लिखती रतना नाम।।

क्षमा करें विद्वान सब जान मोहिं अनजान।
चरणों की रज चाहती होय चमन उदगान।।

घर-घर रतना पाठ हो होवे जय-जयकार।
रतनावली की भक्ति से होवे राजापुर उद्धार।।

समर्पित

वंश स्वामिनी आद्या अपार स्नेह मूर्ति परदादी बाबा (स्व. जगदेइया देवी स्व. रामसनेही द्विवेदी) दादी-बाबा (स्व. कौशल्या देवी स्व. भोला प्रसाद द्विवेदी) माता-पिता (स्व. रन्नू देवी श्री राम प्रकाश द्विवेदी) ग्राम सगवारा जनपद चित्रकूट गुर्दवान वंश बेल में उत्पन्न होकर पूर्वजों एवं ईश्वरी प्रेरणा से प्रेरित होकर इतिहास के पन्नों पर विलुप्त एक ऐसा चरित्र जिनके योगदान को समाज ने भुला दिया।

अनंत विभूषित भारद्वाज गोत्रीय धाराधार सरार कुल नंदन पंडित परशुराम धर दुबे एवं पद्मावती की पौत्र वधू, वेद, वेदांग, शास्त्र, पुराण के उद्भट्ट विद्वान पंडित आत्माराम धर दुबे एवं तपो-मूर्ति देवी हुलसी की पुत्रवधू, संपूर्ण विश्व में राम भक्ति धारा को प्रवाहित करने वाले, संपूर्ण जगत को भवसागर से पार करने के लिये काव्य ग्रंथ रामचरित-मानस रुपी नौकायान बनाने वाले, मानवीय मर्यादा के आदर्शों को जन-जन तक पहुँचाने वाले, मुगल शासित मानसिक बेड़ियों को नष्ट करने वाले, संपूर्ण विश्व के धर्मावलंबी जनों को आत्मबल देने वाले आदि कवि बाल्मीकि अवतारी गोस्वामी तुलसीदास जी की धर्मपत्नी सुनौरा कुल नायक भारद्वाज गोत्रीय पंडित दीनबंधु पाठक एवं देवी पार्वती पाठक की पुत्री, पुत्र तारक की माता परम साध्वी, परम तपस्विनी, त्याग मूर्ति माता शारदा की मानसी कन्या, द्विवेदिनी की अवतारी यमुना तट स्थित सौम्य दिशा महेवा घाट कौशांबी की धरती पर अवतरित होने वाली दिव्य स्वरूप सौंदर्य की साम्राज्ञी, रजियापुर से राजापुर बनाने की प्रेरणा देने वाली, लगभग 68 वर्ष तक राजापुर में पति चरण पादुका के साथ जीवन व्यतीत करने वाली, कामुक तुलसी को संत शिरोमणि तुलसीदास बनाने वाली, सती शिरोमणि पति परायणा, गृह कार्य दक्ष, काव्य कला निपुण, ज्योतिष-ज्ञानी, पति सन्मुख देख कर 84 वर्ष का जीवन राजापुर तुलसी जन्म कुटीर में तुलसी तुलसी कहते अंतिम साँस लेने वाली, घर- परिवार, समाज एवं इस कृति में सन्निहित समस्त यथार्थ, अनुभूतियों तथा सनातन धर्म एवं राष्ट्र की रक्षा का संकल्प लिये हुए एक मात्र केंद्र बिंदु, संपूर्ण नारी जाति की अस्मिता और आदर्श रतनावली के जीवन चरित्र पर आधारित उनके चरणों में समर्पित "रतनावली की कवितावली"

तपस्विनी रतनावली की वंशावली

प्रातः स्मरणीय परम पूज्य गुरुदेव भगवान के चरणों में वंदन करते हुए, प्रकट अप्रकट चेतनाओं को प्रणाम करते हुए, अपने महाप्रभु श्री रास बिहारी भगवान, बृजराज गोवर्धन धारी, यशोदा नंदन,

कमल पादाय, पंकज नाभाय, देवकी नंदनाय मेरे परमाराध्य श्री कृष्ण चन्द्र आनंदकंद प्रभु की अनमोल कृपा से आप श्री मेरे श्याम सुंदर के नाम सुमिरन के साथ शुचिता पूर्ण भावों से उनके चरण प्रक्षालन कर प्रभु के चरणारविन्द के मकरंद का नित्य रसास्वादन करते हुए, प्रियाकांत जू नंद नंदन

बांके बिहारी जी की चरण रज अपने निज मस्तक पर धारण करते हुए, हनुमान जी महाप्रभु का स्मरण करते हुए, उनकी अहैतु कृपाकांक्षी बन इस सुखद परिकल्पना के साथ मैं गोस्वामी तुलसीदास जी की धर्मपत्नी देवी रतनावली के वंश वृक्ष को प्रस्तुत करने जा रही हूँ।

पारिवारिक इतिहास और उत्पत्ति की खोज कई उद्देश्यों से आकार लेती है, जिसमें बड़े ऐतिहासिक चित्र में अपने परिवार के लिये जगह बनाने की इच्छा, भविष्य की पीढ़ियों के लिये अतीत को संरक्षित रखने की जिम्मेदारी की भावना, और सटीक रूप से आत्म संतुष्टि भी शामिल होती है। किसी से कहानी सुनने से अच्छा है कि हम ऐसी तात्विक सात्विक चेतनाओं के बारे में जानने का जनमानस के समक्ष प्रस्तुत करने का खुद प्रयास करें।

देवी रतनावली की वंशावली...

पंडित राम नारायण पाठक

के पुत्र

पंडित अच्युतानंद पाठक

के पुत्र

पंडित ऋषि प्रसाद पाठक

के पुत्र

पंडित पुरुषोत्तम दास पाठक
के पुत्र

पंडित दीनबंधु पाठक देवी पार्वती पाठक की इकलौती पुत्री देवी रतनावली गोस्वामी तुलसीदास जी की धर्मपत्नी बनने का सौभाग्य प्राप्त करती हैं।

रतनावली के देव मूर्ति नाना-नानी

नाना-नानी पं जगदंबा प्रसाद उपाध्याय एवं विरोजा देवी।

रतनावली नगर (वंधवारजवर) तहसील मंझनपुर जिला कौशांबी

संदर्भ- देवी रतनावली की वंशावली गोरखपुर जनपद के कैम्पीयर गंज ब्लॉक के सोनौरा गाँव के सोनौरा पाठक की वंशावली से लिया गया है।

लेखिका का परिचय

जन्म स्थान	थाना डेरापुर (कानपुर देहात) दिनांक 25/5/1975
	दिन रविवार तिथि बुद्ध-पूर्णिमा समय 3:00 am
गुरु सानिध्य	प्रातः स्मरणीय परम पूजनीय करुणामयी
	श्री प्रीतमानंद महाराज जी
	(अखंडानंद आश्रम मोतीझील, श्री धाम वृंदावन)
प्रारंभिक शिक्षा	सरस्वती शिशु ज्ञान मंदिर पनकी कानपुर
	माध्यमिक शिक्षा भारती विद्या मंदिर पनकी कानपुर
स्नातक शिक्षा	अर्मापुर डिग्री कॉलेज अर्मापुर कानपुर (उ. प्र.)
स्नातकोत्तर शिक्षा	(समाज शास्त्र) अर्मापुर डिग्री कॉलेज अर्मापुर कानपुर (उ. प्र.)
शास्त्री	संपूर्णानंद-संस्कृत विश्वविद्यालय वाराणसी (उ. प्र.)
एम. ए	(हिंदी साहित्य) महात्मा गांधी चित्रकूट ग्रामोदय विश्वविद्यालय
	सतना (म.प्र.)

लेखिका का परिवार

पति	डॉ राजेन्द्र पाण्डेय
	(वैवाहिक तिथि ज्येष्ठ पूर्णिमा दिनांक 8/6/1990)
सास-ससुर	स्व. शान्ति देवी एवं स्व. देवीदयाल पाण्डेय
	(त्रिफला वत्स गोत्रीय) / स्व. पुत्र सरजू प्रसाद पाण्डेय /
	पुत्र स्व. महिपाल प्रसाद पाण्डेय
	(कुल वधू- ग्राम- भुजौली माफी राजापुर चित्रकूट)
दादी-बाबा	स्व. कौशिल्या देवी स्व. भोला प्रसाद द्विवेदी
	(सगवारा - चित्रकूट)

माता-पिता	स्व. रन्नू देवी श्री राम प्रकाश द्विवेदी
	(एस.आई. सेवानिवृत्त उ.प्र.पु.)
चाची-चाचा	स्व. मिथिला देवी श्री बलदाउ प्रसाद द्विवेदी
	(त्याग पत्र पी.ए.सी.)
चाची-चाचा	श्रीमती उमा देवी श्री ओमप्रकाश द्विवेदी
चाची-चाचा	स्व. प्रेमा देवी स्व. राजेंद्र प्रसाद द्विवेदी
	(भूतपूर्व सैनिक)
चाची-चाचा	श्रीमती विमला देवी श्री महेश प्रसाद द्विवेदी
	(एस.आई.उ.प्र.पु)
चाची-चाचा	श्रीमती ममता देवी श्री शिवशंकर द्विवेदी
	(श्री धाम वृंदावन निवासी)
नानी नाना	स्व. मथुरिया देवी स्व. भूरा प्रसाद गर्ग (ओरन बाँदा)
जीजी- जीजा	श्रीमती गीता शुक्ला स्व. कमलेश कुमार शुक्ला
	(उ.प्र.पु. कांटी पहाड़ी चित्रकूट)
अंगजा	पावनी पान्डेय (तनु)
अंगज	अनुज पान्डेय (देवर्षि)

स्व. रन्नू देवी एवं श्री राम प्रकाश द्विवेदी

(माता-पिता)

ॐ सत्य सनातन वैदिक धर्म सभा

परम साध्वी देवी रत्नावली धर्मपत्नी गो. तुलसीदास

जन्म तिथि - स. चैत्र कृष्ण अष्टमी रविवार १५६६ वि.

विवाह तिथि - स. जेष्ठ सुदी तेरस गुरुवार १५६६ वि.

पुण्य तिथि - स. आषाढ कृष्ण पक्ष दशमी सोमवार १६५१ वि.

स्थापना तिथि - जेष्ठ सुदी तेरस रविवार २०६४ वि.
(४६६ वाँ विवाह उत्सव पर)

अनुक्रम

खण्ड – एक
रतनावली की कवितावली

खण्ड – दो
कविताएँ

खण्ड – तीन
कविताएँ

अपनी बात

रतनावली सनातन धर्म की रक्षा में अपनी अहम भूमिका निभाने वाली वर्णित एक ऐसी स्त्री पात्र हैं जो राम भक्ति धारा को प्रवाहित करने वाले रामचरितमानस के रचनाकार भारद्वाज गोत्रीय धाराधर सरार कुलभूषण कवि पुंगव रामचरितमानस के रचनाकार गोस्वामी तुलसीदास जी की धर्मपत्नी थी। परम साध्वी देवी रतनावली चालीसा (रचनाकार डॉ. श्री प्रकाश द्विवेदी ज्योतिषाचार्य मनुपुर मनैया करछना प्रयागराज निवासी) के अनुसार देवी रतनावली माँ शारदा की मानसी कन्या हैं। जो पिता दीनबंधु एवं माता पार्वती के गर्भ से उत्पन्न होकर जगत कल्याण के लिये प्रबंध-कारिणी बनती है।

पूर्वजों, कथाकारों, इतिहासकारों, संत महंत विद्युत जनों के मुखारविंद से हमने इस महान देवी के रूप, चरित्र, सद्गुणों का बखान हमारे मन को मोहित करता है। सुना है कि स्वर्णिम मध्य युग की विधाता की सबसे सुंदर अद्वितीय नारी महादेव की कृपा पात्र देवी रतनावली थी। परमात्मा ने रतनावली को शुभ, यशस्विनी, तपस्विनी, निपुण, प्रवीण, उत्कृष्ट, विदुषी एवं श्रेष्ठ गुणों से सँवारा था। विद्वत्ता में गोस्वामी तुलसीदास जी कभी-कभी रतनावली से पीछे हो जाते थे ऐसा हमने कथाकारों से सुना है।

दो महान विभूतियाँ दो जनपदों को जोड़ते हुए समस्त विश्व को समरसता प्रदान करते हुए यमुना का तट जहाँ निरंतर जल प्रवाह होता है ऐसी पावन भूमि में जन्म लेने वाली दो परम चेतनाओं को सत-सत नमन करते हुए मेरी कलम अपने आप को धन्य करती है। दक्षिणी तट में राजापुर तुलसी जन्म कुटीर के नाम से शोभायमान हो रहा है जो कि जनपद चित्रकूट में आता है। दूसरी ओर सनातन धर्म की रक्षा का संकल्प लिये सौम्य दिशा महेवा घाट कौशांबी जनपद में देवी रतनावली की पावन जन्म स्थली के नाम से समस्त विश्व को धन्य करने वाली ऐसी नारी को मेरी कलम ने पावन पदों की रचना "रतनावली की कवितावली" रचकर शब्द सुमन अर्पित करते हुए अपने आप को गौरवान्वित महसूस करती है।

हिंदू नारी की गौरव गाथा से आकाश गूँज रहा हो, हिमालय झुक रहा हो, नदियाँ कल-कल करती हो, क्षितिज धानी चुनर से शृंगार कर वायुमंडल का मन मोह लेती हो। लेकिन इस पुरुष प्रधान देश में नारी के लिये क्या सूखे सावन क्या हरे भादों की

कहावत चरितार्थ होती रही है। प्राचीन से प्राचीनतम काल में जब उसने त्याग संयम में अपना सारा व्यक्तित्व, सारी सजीवता और मनुष्य स्वभाव उचित इच्छाएँ तिल-तिल घोटकर दुष्कर आदर्शवादी साँचों में ढल कर खुद को पत्थर की प्रतिमा बना डाला, नारी के इतने बड़े त्याग को, आत्म निवेदन को, उसकी तपस्या को, नारी के बलिदान को, क्या समाज में अधिकार नहीं है सम्मान पाने का। शताब्दियों की शताब्दियों जिस तरह आती जाती रही उसी तरह रतनावली की स्मृतियाँ साहित्यकारों के साहित्य में विराजमान तो हुई पर वैश्विक पटल पर प्रकाशमान न हुई। आज मुझे इतिहास आँसुओं से लिखना पड़ा कि राजापुर की ऐसी वीरांगना सशक्त भारतीय नारी को आज तक इस भारतीय समाज ने सम्मान के उस उत्तुंग शिखर तक क्यों नहीं पहुँचाया जो किसी वीरांगना से कम न थी तुलसी की रतनावली।

सरिता पान्डेय

प्रिय वचन

त्रेता के कौशल्या नंदन मर्यादा पुरुषोत्तम भगवान श्री राम, द्वापर के देवकीनंदन भगवान श्री घनश्याम ने विषम परिस्थितियों में भी स्थितियों पर नियंत्रण रख सफलता प्राप्त की। उन्होंने हमेशा वेदों और मर्यादा का पालन किया स्वयं के सुखों से समझौता कर उन्होंने न्याय और सत्य का साथ दिया। भगवान बहुत ही दयालु स्वभाव के हैं भगवान उनकी छत्रछाया में जो आया वह धन्य हो गया। उनके चरण शरण में संतों ने अपना जीवन न्योछावर कर दिया। आज संत न होते तो जगत का उद्धार कैसे होता है। संतों ने अपने लिये कुछ नहीं बचाया सब कुछ पर हित के लिये बलिदान कर दिया।

परहित सरिस धर्म नहीं भाई।
पर पीड़ा सम नहिं अधमाई॥

तुलसी पंछिन के पिये, घटे न सरिता नीर।
दान दिए धन ना घटे, जो सहाय रघुवीर॥

हर चरहिं तापहिं बरे, फरे पसारहिं हाथ।
तुलसी स्वारथ मीत सब, परमारथ रघुनाथ॥

- गोस्वामी तुलसीदास जी

यों रहीम सुख होत हैं, उपकारी के संग।
बॉटन वारे को लगे, ज्यों मेहंदी को रंग॥

तरुवर फल नहिं खात है, सरवर पियहिं न पान।
कहि रहीम पर काज हित, संपत्ति सॅचहि सुजान॥

- संत रहीम दास जी

स्वारथ सूखा लाकड़ा, छाँह बिहना सूल।
पीपल परमारथ भजो, सुख सागर को मूल।।

- संत कबीर दास जी

मुख देखे का प्यार है, देखा सब संसार।
पैसे दमरी पर मरे, स्वार्थी सब व्यवहार।।

- संत निपट निरंजन जी

तिल कर तेल औ रुई की बाती।
परहित जले दोउ जीवन साथी।।

- सरिता पान्डेय

प्रस्तुति एवं लेखन संकलन
सरिता पान्डेय

साभार

माता-पिता, गुरु, संत महंत, गुणी, श्रेष्ठ, बुद्धिजीवी विद्वान जनो को शत-शत प्रणाम, सहृदय आभार प्रकट करते हुए रतनावली की कवितावली विराम की ओर चल पड़ी है। इस कलम यात्रा में मेरा उत्साहवर्धन एवं संकलन साक्ष्य प्रमाण देने वाले महान विभूतियों के पद पंकज में पुनः सादर वंदन अभिनंदन है।

सच तो यह है की शिकायत मुझे वर्तमान से नहीं शिकायत मुझे अतीत से है। स्वर्णिम कालखंड ने एक से बढ़कर एक भक्ति पथ पर चल शाश्वत धर्म की रक्षा करने वाले रत्नों ने साहित्य जगत में अपना स्थान ग्रहण किया पर विडंबना गोस्वामी तुलसीदास जी की पत्नी रतनावली को क्यों उपेक्षित रखा गया।

मुझे प्रशंसा की जरूरत नहीं, प्रभु की मंगलमयी कृपा है कि वह किसी न किसी को निमित्त बना लेते हैं किसी पुनीत कार्य को पूर्ण करने के लिये। वास्तविकता में मैं इतना ही जानती हूँ, कि इसमें मेरा कोई प्रयत्न नहीं है मेरा कोई पुरुषार्थ नहीं है। मैं साहित्य जगत की कोई ऐसी गोताखोर भी नहीं हूँ जो मैं रतनावली के लिये शब्द रुपी रत्नों को साहित्य सागर से ढूँढ पाती। मेरी गोताखोर सिर्फ माँ शारदा की मानसी कन्या देवी रतनावली है जो खुद शब्द रुपी रत्नों को तलाश कर शब्दाअंजुलियो से भर देती हैं।

यह उनकी अपार अनुकंपा है जो इस तुच्छ आत्मा को अपनी अहेतु कृपा का माध्यम बनाया। रतनावली रामचरित्र मानस ही नहीं भारतीय जीवन तथा संस्कृति का एक अत्यंत विलक्षण और महत्वपूर्ण चरित्र है जिसे समाज में चरितार्थ करने की वृहद आवश्यकता है। मेरी इस पावन पुनीत कलम यात्रा में प्रेरणा बनकर जिन्होंने आशीर्वाद दिया मैं उनकी सदा आभारी हूँ।

आशीर्वचन एवं प्रोत्साहन

परमपूज्य प्रातःस्मरणीय गुरुदेव भगवान श्री श्री प्रीतमानंद जी महाराज अखंडानंद आश्रम (श्री धामवृंदावन)

परम श्रद्धेय प्रातःस्मरणीय जगतगुरु श्री श्री राजेंद्र दास जी महाराज (मलूक पीठाधीश्वर श्रीधाम वृंदावन)

डॉ श्री प्रकाश द्विवेदी (रचनाकार परम साध्वी रतनावली चालीसा एवं रतनावली शोध प्रपत्र)

श्री कृपा शंकर तिवारी श्रीमती सीमा तिवारी (बालाजी मंदिर पीठाधीश्वर कर्वी चित्रकूट)

श्रीमती सिया बाई सिंहपरिहार धर्मपत्नी स्व. उदय पाल सिंह परिहार (सेवानिवृत्त प्रधानाचार्या लोदीपुर निवादा हमीरपुर)

श्री हनुमंत कृपा पात्रसंत स्वरूप श्री राम सजीवन पान्डेय (उ.प्र.पु. पद त्याग हनुमंत चरणों में तल्लीन)

देवतुल्य परदादा स्व.रामसनेही द्विवेदी जी ने शीश पर सिहरा दे स्वप्न में पुनीत कार्य के लिए आशीर्वचन दिया।

श्री रामाश्रय तिवारी (मानस मंदिर पीठाधीश्वर राजापुर चित्रकूट)

श्री राम गणेश पाण्डेय (साहित्य रत्न से सम्मानित लेखक तुलसी जन्मभूमि शोध समीक्षा)

श्रीमती गीता शुक्ला (समाजसेविका)

श्रीमती रूचि मिश्रा (शिक्षिका एवं लोक गायिका)

श्री रज्जन प्रसाद द्विवेदी (पूर्व प्रधान सगवारा)

श्री संदीप बंसल (पत्रकार बंधु)

संकलन

तुलसी जन्मभूमि शोध समीक्षा

परम साध्वी रतनावली चालीसा

श्री तुलसीदास चालीसा

प्रेरणा स्वयं रतन स्वप्न अनुभूति सरिता पाण्डेय

मंगलानुशंसा

जब सच्चा तथा एकनिष्ठ साधक साध्य से तादात्म के लिये व्याकुल हो जाता है। तो चिंतन के क्षणों में उसकी आत्माविभक्ति अनायास ही मुखर हो उठती है। उपासक और उपासना एक हो गये तो प्रस्फुटित होती है प्रेम की पावन पयस्वनी, भक्ति की भव्य भागीरथी रात दिन एक लौ रतनावली-रतनावली की रटना से एक एक अक्षर मुखरित होकर शब्द अर्चनों से अक्षर के अक्षत बना "रतनावली की कवितावली" रची गई।

देवी रतनावली के प्रति कुतर्क, कल्पना, कुमनीषित, कुपक्षों को जिस तरह कुशल, कोमल और सदुक्तियों से मेरी शिष्या सरिता पाण्डेय ने एक-एक पंक्ति का सुंदर सृजन करते हुए "रतनावली की कवितावली" रच कर गोस्वामी तुलसीदास जी की धर्मपत्नी देवी रतनावली के अप्रकट चरित्र को चरितार्थ कर समाज एवं साहित्यकारों को एक नयी दिशा दी है। मैं ब्रजभूमि से असीम शुभकामनाएँ, साधुवाद एवं आशीर्वाद प्रदान करता हूँ।

परम पूज्य प्रातः स्मरणीय श्री गुरुदेव भगवान

श्री प्रीतमानंद जी महाराज

श्री अखण्डानंद आश्रम

मोती झील श्री धाम वृंदावन

मथुरा (उत्तर प्रदेश

मंगलानुशंसा

रतनावली के अप्रकट चरित्र को अत्यंत शोध पूर्ण एवं वैदिक शैली में यथार्थ चरित्र को प्रतिपादित किया है। इस पुनीत कार्य के लिये श्रीमती सरिता पाण्डेय साधुवाद की पात्र हैं।

अत्यंत हर्ष का अनुभव करते हुए मैं आपको अवगत कराना चाहता हूँ की विश्वसनीय सूत्रों के अनुसार मुझे शुभ समाचार मिला कि 496 वर्षों के बाद तुलसी जन्म कुटीर प्रांगण में गोस्वामी तुलसीदास जी के वामांग में देवी रतनावली के पावन विग्रह स्थापित हुआ जिससे तुलसी जन्म कुटीर ही नहीं समस्त राजापुर धन्य हुआ त्याग मूर्ति देवी रतनावली के दर्शन को पाकर।

मुझे यह जानकर अत्यंत दुख हुआ कि ऐसे राम भक्त दंपति जिन्होंने सनातन धर्म की रक्षा एवं समस्त जनमानस की रक्षा के लिये अपना सब कुछ त्याग कर अयोध्या नाथ की भक्ति में लग गये। लेकिन कुछ मुगलिया सोच के लोग ऐसी महादेवी की मूर्ति स्थापना के लिये कितना विरोध किया जिससे मेरा हृदय द्रवित हो उठा। लेकिन मैं बारंबार साधुवाद एवं आशीर्वाद देता हूँ। श्रीमती सरिता पाण्डेय एवं उनके सहयोगियों को जिन्होंने अदम्य साहस का परिचय देते हुए देवी रतनावली को वह स्थान दिलाया जिसका उन्हें सदियों से इंतजार भी था और वो हकदार भी थी।

श्रीमती सरिता पांडेयजी की जिजीविषा, ज्ञान पिपासा, शोधवृत्ति एवं लेखकीय प्रवृत्ति से यह काव्य ग्रंथ शोधार्थियों, अध्येताओं तथा सुधी पाठकों के लिये उपयोगी सिद्ध होगी ऐसी मेरी आत्म स्वीकृति है।

भारतीय इतिहास में गोस्वामी तुलसीदास जी की धर्म पत्नी के जीवन चरित्र पर आधारित यह वृहद काव्य रचना को ग्रंथाकार देने के लिये मैं सरिता पाण्डेय जी को शुभकामना एवं खूब-खूब आशीर्वाद प्रदान करता हूँ।

परम पूज्य श्रद्धेय जगतगुरु

श्री मलूक पीठाधीश्वर

राजेंद्र दास जी महाराज

मलूक पीठ आश्रम

श्री धाम वृंदावन।

(पूज्य महाराज श्री का संदेश वीडियो ग्राफी द्वारा प्राप्त हुआ)

मंगलानुशंसा

प्रिय सरिता जी,
प्रसिद्ध लेखिका/समाज सेविका

जयतु साम्ब शिव: ससुत: प्रभु:,
जयतु सानुज मैथिलि राघव:॥
जयतु संकट मोचन मरुति:
जयतु भक्त शिरा तुलसी कवि:॥

श्रीमती सरिता पाण्डेय जी नारी शक्ति की एक शक्ति हैं आप अत्यन्त धार्मिक प्रखर बुद्धि वाली सामाजिक कार्यकर्ता धार्मिक प्रखर बुद्धि वाली सामाजिक कार्यकर्ता ओजस्वी वाणी में अपना वक्तव्य व्यक्त करने वाली अच्छी लेखिकाओं में एक हैं। आपने तुलसी की कृपा से रतनावली की कवितावली पूर्ण रूपेण परिलक्षित की हैं।

आपका हृदयोद्गार रामभरोषे बढ़ रहा है, यह पुस्तक अध्ययन करने पर 'रतनावली' के प्रति सद्भावना प्राप्त करेंगे। यह पुस्तक अत्यन्त ही श्रेष्ठतम है।

आप दीर्घायु रहें, सपरिवार सफलता की ओर अग्रसर रहें। यहीं मेरी शुभकामना एवं आशीर्वाद है।

श्रीराम आश्रय तिवारी
पीठाधीश्वर - तुलसी मानस मंदिर
श्री तुलसी साहित्य शोध संस्थान
वाचनालय एवं पुस्तकालय
तुलसी घाट, पोस्ट राजापुर,
जिला चित्रकूट- 210207 (उ.प्र.)

अनुशंसा

कीरति भनिति भूमि भल सोई।

सुर सरिता सम सब हित होई॥

सुविदित विदुषी सरिता जी की कालजयी कृतियों का मैंने पूरे मनोयोग से गम्भीरतापूर्वक अद्योपान्त अनुशीलन मनन किया। सरिता जी अति प्रतिष्ठित एवं सिद्धहस्त रचनाकार हैं। सरिता जी सारस्वत सरित प्रवाह सनातन धर्म- संस्कृति एवं समाजोपयोगी होने के साथ ही अनेक अनसुलझे ऐतिहासिक रहस्यों का रहस्योद्घाटन भी करते हैं।

तुलसी दास जी को कालजयी विश्वकवि, विश्वरत्न, विश्ववन्द्य संत शिरोमणि गोस्वामी तुलसी दास जी बनाने वाली प्रेरणाश्रोत परम साध्वी देवी रतनावली तथा उन दोनों की परम पावन जन्म भूमि जो 'कालिन्दी कूल' के दक्षिण और उत्तर आमने-सामने राजापुर (चित्रकूट) और यमुना जी के उत्तरी किनारे पर महेवा घाट (प्रयाग वर्तमान कौशाम्बी जनपद) देवी रतनावली की पावन जन्मभूमि के प्रति सरिता जी का अगाध अनुराग एवं आत्मिक लगाव जो उनकी कृतियों, कविताओं, रचनाओं में प्रवाहित होकर साहित्य सागर का सम्वर्धन कर मणियों, रतनावलियों का निहनवल श्रजन कर रही हैं वह अत्यन्त सराहनीय और स्तुत्य है। साथ ही सत्य सनातन धर्म एवं संस्कृति में, संरक्षण सम्वर्धन मैं गोस्वामी तुलसीदास को उत्प्रेरित करने की जो ऐतिहासिक भूमिका का निर्वहन उक्त दोनों कालिन्दी कूलो देवी रतनावली ने

अविरल था। प्रवाहित करने का स्तुत्य प्रयास किया, उसी भूमिका का अपनी हृदय स्पर्शी रचनाओं के माध्यम से प्रंसस्नीय स्तुत्य, एवं अत्यन्त सराहनीय ऐतिहासिक प्रयास तुलसी रतना की परस पावन तुलसी धाम राजापुर (चित्रकूट) निवासनी देवी सरिता जी, देवी रतनावली की उसी ऐतिहासिक भूमिका का सराहनीय निर्वहन करते हुए चित्रकूट की परमपावन धरा अत्रि-अनसुइया, महर्षि वाल्मीकि, वेदव्यास, तुलसी-रक्षा की परमपावनी धरती से संसार को सकारात्मक ऊर्जा शौर्य-शक्ति का सनातन संदेश देकर उस चित्रकूट धाम धरा को गौरवान्वित कर इतिहास रच रही हैं। परिवार समाज, राष्ट्र, सनातन धर्म-संस्कृति-संस्कार' के पुनर्जागरण, शौर्य शक्ति का शंखनाद करती रहें, यही हमारी शुभकामना है कि मातृशक्ति, नारी शक्ति की अग्रदूत की अहं भूमिका निर्वहन हेतु स्वस्थ रहें, सुखी रहें, और शतायु हों, यही मंगलकमना के साथ-

रामगणेश पाण्डेय

शोध समीक्षक

तुलसी जन्मभूमिशोध समीक्षा

राष्ट्रीय संरक्षक

ओम सत्य सनातन वैदिक धर्म सभा (रजिस्टर्ड)

अनुशंसा

प्रिय बहन सरिताजी

सादर नमस्कार

प्रभु श्री राम की तपोभूमि एवं राष्ट्र-ऋषि नानाजी देशमुखजी भारत रत्न की कर्म भूमि चित्रकूट राजापुर से प्रकाशित होने वाली पुस्तक 'रतनावली की कवितावली' में संत गोस्वामी तुलसीदास की सहधर्मिणी माँ रतनावली के त्याग, तपस्या, भक्ति एवं वैराग्य को अपनी कलम के माध्यम से आम जनमानस के समक्ष उनके अप्रकाशित चारित्रिक वैशिष्ट्य को प्रकट करने का श्रीमती सरिता पाण्डेय के द्वारा सदप्रयास किया गया है। "रतनावली की कवितावली" पुस्तक मातृ-शक्ति एवं युवा पीढ़ी को संबल प्रदान करेगी।

आपके के द्वारा किये गये इस सराहनीय कार्य की प्रसंशा करता हूँ। शुभकामनाओं के साथ।

डॉ0 भरत पाठक

उपाध्यक्ष

महात्मा गांधी राष्ट्रीय ग्रामीण शिक्षा परिषद

अनुशंसा

बिना सन्देह किताबें जीवन की ज्ञान सूझ-बूझ के अद्वितीय स्रोत होती हैं। आपकी कलम से निकलने वाली हर शब्द एक कहानी को जीवंत करता है और पाठकों को नये दिशा निर्देश देता है। मैं आपकी इस साहित्यक यात्रा के सफर में साथ चलने का सौभाग्य महसूस करता हूँ। अत्यंत गौरवन्वित हूँ कि आपकी अद्भुत भक्ति और प्रेरणा से तुलसी जन्म कुटीर में 496 वर्षों बाद रतनावली का विग्रह स्थापित हुआ इसके लिये मैं आपको अनंत अनंत बधाई देता हूँ। और आपकी किताब के सफल प्रकाशन की हार्दिक शुभकामनाएँ देता हूँ। "रतनावली की कवितावली" जैसा पावन काव्य ग्रंथ और आपका संदेश दर्शकों को प्रेरित करेगा और उन्हें नयी सोच और नयी दृष्टिकोण के साथ संवेदनशीलता के अनुभव में ले जायेगा कि राजापुर की पुण्य धरा में हमारे पूर्वजों का क्या ऐतिहासिक योगदान और बलिदान रहा है। इस कार्य में आपके साथ जुड़ा होना एक गर्व का संदर्भ होगा। इस अद्भुत रचना के लिये मैं आपको धन्यवाद एवं शुभकामना प्रेषित करता हूँ।

संजीव मिश्रा

अध्यक्ष - नगर पंचायत राजापुर

जनपद चित्रकूट।

""

अनुशंसा

जय सियाराम

आदरणीया

श्रीमती सरिता पाण्डेय जी

भारतीय जनमानस में अपनी पावन लेखनी से धर्म, आस्था और अध्यात्म की क्रांति लाने वाले, विश्व-साहित्य के आसमान में दैदीप्यमान सूर्य श्री गोस्वामी तुलसीदास जी की धर्मपत्नी माता रतनावली के त्याग, तपस्या से भरे गुमनाम लेकिन सार्थक जीवन को अपनी लेखनी से विश्व के समक्ष लाकर श्रीमती सरिता पांडेय जी ने एक बेहद चुनौतीपूर्ण और अद्भुत कार्य किया है। श्रीमती सरिता पांडेय जो स्वयं श्री तुलसीदास जी की जन्मस्थली राजापुर की निवासिनी हैं। श्रीमती सरिता पांडेय जी की अद्भुत प्रेरणा एवं अथक प्रयास से गोस्वामी तुलसीदास जी की धर्मपत्नी देवी रतनावली को उनकी ससुराल तुलसी जन्म कुटीर राजापुर चित्रकूट में स्थापित कर अपने जीवन के साथ-साथ सबको धन्य-धन्य किया है। उन्होंने अपने गृहस्थ जीवन की सारी ज़िम्मेदारियों के बीच अपनी अतिरिक्त समय-साधना से लेखनी के एक नये कला कौशल के साथ इस शोध-पूर्ण और बेहद महत्वपूर्ण काव्य ग्रंथ अपनी विलक्षण मेधा से रचा है। मैं उनका साहित्य जगत में स्वागत करते हुए अपनी बधाई और शुभकामनाएँ प्रेषित करता हूँ।

कमल पांडेय

लेखक एवं फ़िल्म निर्देशक

मुंबई

अनुशंसा

यह अत्यंत हर्ष का विषय है कि आपने 'रतनावली की कवितावली' पुस्तक का प्रकाशन किया है। लेखन के प्रति आपकी रुचि सार्वभौमिक है। आपकी किताब के लिये मेरी अत्यधिक अभिनंदना है। आपका साहित्यिक योगदान और साहस समाज को प्रेरित करेगा। आपकी किताब से हमें नये विचारों और अनुभवों का आभास होगा, ऐसा मेरा मानना है। मेरा मत है कि आपकी यह पुस्तक हमें एक साहसिक और प्रेरणादायक संदेश देगी। आपके कलम से निकलने वाले हर शब्द का महत्वपूर्ण संदेश होता है, और मैं पूरी ईमानदारी से आशा करता हूँ कि आपका लेखन सामाजिक न्याय और संघर्षों के लिये एक प्रेरणास्रोत होगा। आशा है आपकी यह पुस्तक सफलता की ऊँचाइयों को छूए।

एक बार पुनः आपको प्रकाशन पर बधाई, शुभकामनाएँ

सद्भावी

ज्ञानेन्द्र मिश्रा

संपादक - जागरूक जनता

मो: 9829329070

अनुशंसा

अति प्रसन्नता का प्रसंग है कि गोस्वामी तुलसीदास जी की जन्मस्थली चित्रकूट से गोस्वामी जी की जीवन संगिनी माँ रतनावली के जीवन पर यथार्थ कीर्ति की पराकाष्ठा का प्रतीक "रतनावली की कवितावली" पुस्तक का भव्य प्रकाशन होने जा रहा है। जिसकी लेखिका व संपादक प्रिय बहन 'सरिता पांडेय जी' की हृदय से प्रशंसा करना मर्यादित अनुकूल लगता है। आपके लेखन की जितनी प्रशंसा की जाये कम ही होगी। समय के प्रवाह के साथ-साथ इस तरह की पुस्तकों की वास्तव में समाजोत्थान में अत्यन्त महत्वपूर्ण भूमिका होती है। आशा है आपकी "रतनावली की कवितावली" पुस्तक की सामाजिक कुरीतियों एवं रूढ़िवादी परम्परा से ऊपर उठकर सभ्य समाज को माँ रतनावली साहित्य के दर्शन कराने में महत्वपूर्ण भूमिका होगी। इससे हमारी नयी पीढ़ी को समाज के उच्च मूल्य एवं धार्मिक परम्पराओं की रचनाएँ पढ़ने का सुअवसर प्राप्त होगा।

मैं पुस्तक के संपादक मण्डल सहित आपको प्रकाशन के शुभारम्भ पर बधाई देते हुए पुस्तक के प्रकाशन की सफलता के लिये हार्दिक शुभकामनाएँ प्रेषित करता हूँ और आशा करता हूँ कि आपकी यह पुस्तक सफलता की ऊँचाइयों को प्राप्त कर भारत ही नहीं, विश्व में प्रकाशमान हो।

पुनः शुभकामनाओं सहित

केदारनाथ धीमान

विश्वकर्मा वैदिक

मासिक पत्रिका संपादक/प्रकाशक

विश्वकर्मा वैदिक मासिक पत्रिका हरिद्वार

अनुशंसा

जिस प्रकार सूरज की पहली किरण हर अँधेरी रात का अंत कर देती है उसी प्रकार पुस्तके किसी व्यक्ति के अज्ञानता को दूर कर जीवन जीने के तरीके को सुदृढ़ कर देती है। ऐसी ही एक पुस्तक 'रतनावली की कवितावली' जिसमें संत गोस्वामी तुलसीदास की धर्मपत्नी रतनावली के द्वारा अपने जीवन में की गयी भक्ति, उपासना, त्याग एवं वैराग्य को सामान्य जनमानस तक पहुँचाने का प्रयास हमारी पूज्य श्रीमती सरिता पाण्डेय जी के द्वारा किया गया है। यह पुस्तक मनुष्य के जीवन में आने वाली कठिनाइयों एवं उनका भक्ति, त्याग, उपासना एवं वैराग्य के द्वारा निराकरण का मार्ग माँ रतनावली के अप्रकाशित चारित्रिक प्रसंगों के द्वारा करने का एक प्रयास है। यह पुस्तक जनमानस को सद्मार्ग पर चलने एवं सद्चरित्र जीवन के प्रति प्रेरित करती है। मैं आपके इस कृति के प्रति आभार प्रकट करती हूँ जो मेरे लिये एक गौरव का विषय है।

Dhukla.

डॉ. दिव्या शुक्ला
सहायक आचार्य
विधि विभाग
महात्मा गांधी अंतरराष्ट्रीय हिंदी विश्वविद्यालय,
वर्धा (महाराष्ट्र)

अनुशंसा

आदरणीय बहन सरिता पाण्डेय जी

लेखिका/सामाजिक चिंतक

गोस्वामी तुलसीदास जी इतने बड़े कवि और ज्ञाता बने। गोस्वामी जी के इतना बड़ा बनने के पीछे जिस महिला का हाथ है, वह कोई और नहीं बल्कि उनकी ही पत्नी रतनावली है। रतनावली बहुत ही पढ़ी-लिखी और समझदार महिला थी। लेकिन आज तक कभी किसी ने माता रतनावली के जीवन को समाज के सामने लाने का कार्य नहीं किया और न ही अपनी लेखनी से उनके चरित्र पर प्रकाश डाला। माता रतनावली जी के सामाजिक जीवन और उनके साहित्यिक योगदान पर प्रकाश डालते हुए उपरोक्त ग्रंथ लिखकर चित्रकूट की सामाजिक चिंतक और लेखिका सरिता पांडेय जी ने साहित्य के क्षेत्र में अभूतपूर्व कार्य किया है। सरिता जी ने यह पावन ग्रंथ लिखकर साहित्य के क्षेत्र में चुनौतीपूर्ण कार्य को अंजाम दिया है। यह कृति चित्रकूट और कौशांबी सहित समूचे भारत को जोड़ने का कार्य करेगी

अनुज हनुमत

पत्रकार एवं पुरातत्वविद

पंडित राजधर परहित सेवा संस्थान (रजि.)

अनुशंसा

आदरणीया बहन सरिता पांडेयजी,

सादर नमस्कार।

कवित्व रुपी संस्कार विशेष किसी कविता, गीत या काव्य-धारा को जन्म देता है।

संत शिरोमणि गोस्वामी तुलसीदास जी की भाव-भूमि तथा राष्ट्र ऋषि नाना जी की कर्म-भूमि चित्रकूट राजापुर से प्रकाशित 'रतनावली की कवितावली' के माध्यम से त्याग, वैराग्य व भक्ति की प्रतीक माँ रतनावली के उज्जवल पक्ष को आम जनमानस के सम्मुख प्रस्तुत करने का एक सद्प्रयास किया है।

यह भगवदीय प्रेरणा से संभव है। माँ रतनावली के योगदान को सदैव याद किया जाएगा। रतनावली के राम तथा रतनावली के तुलसी आम जनमानस को प्रेरणा देते रहेंगे। नारी सम्मान में आपके द्वारा किया गया निष्काम कार्य इस पुस्तक के माध्यम से फलीभूत हुआ बहुत-बहुत साधुवाद एवं शुभकामनाएँ।

यह पुस्तक आगे आने वाली युवा पीढ़ी एवं शोधकर्ताओं का सदैव मार्ग प्रशस्त करेगी इसी प्रशंसा के साथ आपका

गणेश मिश्र
समाजसेवी चित्रकूट

खण्ड – एक

रतनावली की कवितावली

श्री गणेशाय नमः

रतनावली की कवितावली

कृष्णसंगिनी की छाँव है, पल-पल मेरे पास।
गुरु सहायक राधिका, सदा विमला आशीर्वाद।।

अति उपकार तुम्हारा माँ,
सारा जग ऋणी तुम्हारा है।
युगों-युगों तक अमर रहेगा,
रतनावली नाम तुम्हारा है।।

संत शिव वंदना

संत हृदय अब मंथन कीन्हा।

महादेव से बंदन कीन्हा ॥

ऋषि-मुनियों की भूमि सुभागी।

भारत भूमि बनी अभागी॥

मुगल मूर्ति का खंडन दीन्हा।

उपवीत शिखा का भंजन कीन्हा॥

भारत जनता बड़ी दुखारी।

कहाँ छिपे हो डमरू धारी॥

महादेव का मन अकुलाना।

धर्म सनातन मोहि बचाना॥

महादेव अब रहे निहारी।

पारवती की कोख विचारी॥

सौम्य दिशा इक विप्र सवाँरा।

सुंदर सगुण सुघर परिवारा॥

आनंदित प्रकृति

दसों दिशा अभिनंदन पाती।
शुचि घड़ियाँ आलिंगन जाती।।
क्षितिज, व्योम का दर्शन पाती।
अनिल सुहावन गुंजन गाती।।
मधुकर कलियों से इठलाते।
तरु पल्लव लतिका लहराते।।
दादुर मोर पपीहा बोले।
कूहू-कूहू कोयल मन डोले।।
प्रकृति पुनीता शोर मचाती।
पावनि सरिता तब लहराती।।
भानु किरण अब परछन लेती।
चंद्र, किरण तब चुंबन देती।।

देवी रतनावली का जन्म

देवन ने तव करी आरजू।
निज जननी गर्भित रतना जू।।
पारवती के गर्भ सुभाये।
ग्राम महेवा नाम कहाये।।
तरणि तट एक सुंदर ग्रामा।
तहं जन्मी कन्या रतना नामा।।
सवंत पन्द्रह सौ छाछठ आया।
तृतीय चरण मूल ज्येष्ठ सुभाया।।
चैत्र रवि कृष्ण अष्टमी सुहाई।
पाठक पत्नी सुकन्या जाई।।
पंडित पोथी वचन उचारी।
श्रेष्ठ गुणी रतना अधिकारी।।
शुभ घड़ी, शुभ लगन विचारा।
राशि नाम भामिनी पुकारा।।
मात-पिता सुन अति हर्षाये।
कन्या जग कल्याण कराये।।
सूर्य सुता की कृपा निराली।
दुहिता भई बहु भागो-वाली।।
शारद कन्या अनुप्रदान लेती।
कृष्ण प्रिया वरदान है देती।।

सखियों संग रतनावली

पितु अँगना इठलाती बलखाती ।
रतना खुशियाँ अति बरसाती ।।
बुद्धि ज्ञान गुन विवेक भरी।
रतना बिटिया परम सुंदरी।।
गोल कपोल मुख-मंडल प्यारा।
नयन विशाल चंद्र भाल सितारा।।
मात-पिता, गुरु सब शिक्षा पाती।
निपुन सगुन सुघर कन्या कहाती।।
हँसी ढाल ढंग सखियन आता।
बिजुरी विशाखा निर्मला पुनीता।।
यमुना तट पर सखियाँ जाती।
गागर में सागर भर लाती।।

रतनावली का विवाह

समिर मधुर जीवन तब महकाती।
दीन सुता सोलह बरस अब जाती।।
सब विधि अब सगुन विचारा।
दीनबंधु गये शुचि तुलसी द्वारा।।
सब शुभ सगुन काज सुहाया।
जेठ गुरु सुदी तेरस ब्याह रचाया।।
राजापुर से शुभ चली बाराता।
जमुन पूजि बिंबु पान बतासा।।
पंडित पुरखा अब सजे सयाने।
नउवा ठाकुर सब मन मुस्काने।।
हाथी-घोड़ा सजी पालकी।
शोभा कहे हुलसी के लाल की।।
षोडश बाजन डम-डम बाजै।।
हर्षित हो नर-नारी नाचै।।
नौका बंदन वार सजी है।
दोउ गाँवन में धूम मची है।
पाठक साजे अतिसुंदर द्वारा।
रम्भ रसाल सजे बहुरंग मुहारा।।
बहु विधि पाठक पकवान बनाये।
विधिवत पाहुन जलपान कराये।।
मिष्ठ मधुर प्रिय स्वादु रसीला।

सब विधि व्यंजन भरे पतीला।।

परवर पनस कुमंढा तरकारी।

बहु व्यंजन करी दीन तैयारी।।

विधि विधान वर मड़वा तर आये।

तब सखियाँ मंगल गीत सुनाये।।

कंध कांत बाँह रतना के डारी।

सेंदूर भरि माँग सोहाग सँवारी।।

सब आभूषण रतना पहिनाये।

शोभा रतना की बरनि न जाये।।

रतनावली की विदाई

पाठक जनम-जनम तपस्या ढूँढ़ा उत्तम वर है।
आज विदा की बेला में क्यों लोचन आये भर है।।
रतना बेटी रतन सी शीतल निर्मल नेह है।
सरिता कुंजों में बहे बिटिया बाबुल गेह है।।
बड़े भाग रतना मिली गर्व करें हैं माँ-बाप है।
रतना को पाते ही मिट गये जनम संताप है।।
शक्ति स्वरूपा रतनावली रतना जीवन रीत है।
झरत नयन कह रहे बिलख-बिलख ये प्रीत है।।
पालपोस कर बड़ा किया आये हुलसी कुमार है।
साजन-बाजन से ले गये छोड़ बाबुल संसार है।।
करुण रुदन चलता रहा मुख से कहे ना बोल है।
अंतरमन कहता बिनबोले बेटी तो अनमोल है।।
जिसके जाते सोचने की नहीं बची कोई राह है।
केवल जीवित चेतना मात पिता रहे कराह है।।
दूध नहाय पूतन फलो घर में होय किलोल है।
देह देहरी दे सदा रतना खुशियों का माहौल है।।
तकलीफों से ऊपर रखना बेटी अधरों पे मुस्कान है।
लगा गले मांमाँ रतनदुलारी बेटी तुझसे जग कल्यान है।।
राम-रतन रतना बनी धर्म सनातन अभिमान है।
विश्वपटल पर छा गये तुलसी कवि महान है।।
युग-युग फैले नाम की जगत तुम्हारी सुगंध है।

तुलसी रतना कर जाइए ऐसे दुनिया से संबंध है।।

किस्सा-सा क्यों लगता इतिहास गवाही देता है।

आज विदा के अवसर पर घाट महेवा रोता है।।

सोलह श्रृंगार रतन के कीन्हें परछन सूप सुहाई है।।

विधि विधान पूरे हुए अब सुविधि होत विदाई।

रतन विदाई लिखना रवि को दिया दिखाना है।

आँख हमारी नम हुई मुश्किल कलम चलाना है।।

रतनावली - राजापुर वधू प्रवेश

मुदित हृदय स्वजन बहुरि बाराता।

वर वधू अति सुघर जग यस गाता।।

बहु विधि पाठक सम्मान है कीन्हा।

उचित जानि शुभ सब दाइज दीन्हा।।

धाराधर कुल सरार वधू कहायी।

रतना तुलसी की बहू सुहायी।।

रतना गृहिणी गृह बिंदु बनी।

सुघर निपुण व्यवस्था सिंधु बनी।।

पुलकित हो पति सेवा दर्शन पाती।

रूप सुधा शृंगार किये भाग जगाती।।

रतनावली का गृहस्थ जीवन

रतना बिनु तुलसी नहिं जीते।
मास बरस कछु दिन है बीते॥
शुभ दिन शुभ घड़ी बिचारी।
रतना बन गयी तारक महतारी॥
हरषि भये नर सब पुलकित नारी।
नाचे लै ढोल मृदंग बजावे थारी॥
अपने लाल से लाड लगाती।
चूम कपोल लगावहिं छाती॥
विधना ने रचि तव कछु बाता।
भाई शंभु भगिनी घर आता॥
पितु बेजार सुनि अति अकुलाती।
रतना शंभु संग अब मैके आती॥

गोस्वामी जी का ससुराल पहुँचना

साँझ ढले तुलसी गृह आये।

रतना को नहिं पा अकुलाये॥

निज गृह उतरि घाट पे आये।

यमुन बाढ़ि उफनि उफलाये॥

धारा से धारा जब टकराती।

तुलसी देह तब बूड़ि उतराती॥

दुष्कर घड़ी नहिं मिले किनारा।

महादेव ने तव लाश उतारा॥

शिव भुजंग तब भये सहाये।

पकरि भुजंग अटा पर आये॥

भोर होत पहुँ फाटन लागी।

तुलसी को कामुकता जागी॥

लाश पकड़ आये ससुरारी।

रतना बोली प्रभु बलिहारी।

रतना तुलसी संवाद

तारक ने अब रुदन मचाया।
झट रतना ने हृदय लगाया।।
तुलसी रतना को दुलराते।
धीर धरो पिया करूँ मैं बातें।।
आसक्ति में तुलसी बौराये।
तब रतना पति समझाये।।
खीझ उठी तब बोली बचना।
तजि चर्म प्रेम प्रभु हरि भजना।।
तुलसी अब जाग गये हैं।
तब उठि शुचि प्रयाग गये हैं।।

गोस्वामी जी का वैराग्य

पहुँचि प्रयाग संकल्प है लीन्हा।

राम भक्ति तरु-कल्प है चीन्हा।।

मन ही मन हरि सुमिरन कीन्हा।

पट उतारि प्रभु पीतांबर लीन्हा।।

कामद गिरि शुचि पर्वत नामा।

राम लखन सिय हनु विश्रामा।।

चित्रकूट में प्रभु कुटिया बनाते।

नित उठि मंदाकिनी दर्शन पाते।।

बजरंग कृपा जब तुलसी पाये।

तब गंधराज प्रभु माथ लगाये।।

माथे मुकुट तिलक विशाला।

चित्रकूट बसे कौशल्या लाला।।

चित्रकूट बने तीर्थ महाना।

संत महंत करहिं गुणगाना।।

सब सुर मिल नित कीर्तन गाते।

अति आतुर हो मन रंजन पाते।।

जो नर पग प्रदक्षिणा को जायी।

नहिं विलंब पूर मनोरथ पायी।।

जय वाल्मीकि कवि तपस्थली सुहानी।

जय-जय कुल देवी आशावर महारानी

नाथ पालेश्वर शिव सुंदर स्थाना।

नांदी बसे निकट रामदूत हनुमाना।।

निकट बन्थरी जय -जय यमरेही नाथा।

जय-जय मात समोगरी नावहिं माथा।।

दिशा पूर्व विराजे जय जालपा महारानी।

दिशा सौम्य विराजे हनुमंत महाज्ञानी।।

रतनावली की बिरह वेदना

व्याकुल हो अब तड़पी रतना।

विरहन बनती पिय के अँगना।।

पतियाँ लिख-लिख रतिया काटी।

भोर होत जाय जमुन बहाती।।

रतना नैनन से निंदिया गयी भूली।

काह कहव सखी बतियाँ भयी शूली।।

चीर छाज एक कागा बोला।

झट बिलोकि रतना मन डोला।।

बोल काग अति रतन सुहाते।

काँव-काँव करि झट उड़ जाते।।

बाम अंग ज्यों फड़कन लागे।

रतन कहे दिन कटे अभागे।।

शुभ सगुन जब रतन सुहाये।

लागत है हरि इत कतहुँ आये।।

गोस्वामी जी से रतनावली मिलन (चित्रकूट)

चित्रकूट अब जुड़ा समाजा।

भउजी ढिंग आये यादव राजा।।

चित्रकूट में भईया पधारे।

भउजी दर्शन करव सकारे।।

सब बिसारि पति दर्शन जाती।

रतन सुधिन बिच अखियाँ बरसाती।।

प्राणनाथ का अर्चन कीन्हा।

पट घुंघट से दर्शन लीन्हा।।

शंभू नाथ जब माथ नवाता।

पूछी रतन कहउ कुशलाता।।

क्षमहुँ नाथ अपराध हमारे।

तारक लाला स्वर्ग सिधारे।।

अँसुवन से भा आँचर गीला।

कहेउ नाथ सब प्रभु की लीला।।

अश्रु लुकाय ढिंग हनुमत वीरा।

तुलसी व्यथित ना कहते पीरा।।

सब तुम जानो तुमहिं करंता।

विधि विधान सब नीति नियंता।।

गोस्वामी जी का काशी प्रस्थान एवं पुत्र तारक का तर्पण

व्याकुल काशी कीन्ह पयाना।

प्रभु लीला कब कोउ जाना।।

मन विचारि तब प्रभु गंगा आये।

तारक सुत पितु से तर्पण पाये।।

अंजुलि भरत हृदय अकुलाना।

हृदय थामि रतन राम गुन गाना।।

व्यर्थ भरम नहिं पाले मनवा।

पंचतत्व का बना ये तनवा।।

समाज में रतनावली का योगदान एवं स्वावलंबी जीवन

तीर्थ-तीर्थ में तुलसी जाते।

धनि-धनि राम रतन गुण गाते।।

बाउर ज्यों अब चुप है रतना।

विधि निर्मित हर जीव है रतना।।

रतना दुख हँस रो बिरहन सब ढोती।

नित पति पग चिन्ह शीश में लेती।।

अंगन आभास करूँ रतन रोसइया।

बरस दिवस संग मोय रहे गोसइया।।

दुइ-चार बिंदु पा गयी बिरह सिंधु से।

रतना लिपट गयी अब कृपा सिंधु से।।

स्वयं विधान बना हरि गुन रतना गाती।

भक्ति भाव प्रेरित मन अँधियार मिटाती।।

प्रभु बल पा नवजीवन की शुरुआत किया।

आदि व्याधि दुर्भिक्ष मृत्युयुत भ्रम दूर किया।।

सगुन सबल रतन सानंद सजल सजीला।

सोउत्साह साहस पुनि रतन चलत सलीला।।

रतन स्वाधीन सिंधु हो पथ अति पथरीला।

विरह भाँपि सविधि जीवन रतना मर्यादाशीला।।

रक्षित करती मनुष्यत्व जिसमें हो मधुकोषा।

रतना सा आदर्श नहि जो देता उर संतोषा।।

सत्यहि सहोदर रतना भगति बनी कविता।
राम धाम विनय वंदन मित्र बनी सरिता।।

अपहता सी मेरी रतना झूठ भला क्यों बोलूँ।
परम विवेकी रतना नारी हर्षित हो पन्ना खोलूँ।।

कर दिया असंभव को संभव पति बना बैरागी।
घटे तम तोम का रावण गृह-गृह राम अनुरागी।।

ज्योतिष शिक्षा संस्कार दे अपना धर्म निभाती।
दिव्य चेतना का बना विधान राजापुर में फैलाती।।

चौगुनी चमक चमकाई रचकर ये रचना।
सर्व सृष्टि के कण-कण बसती प्रिय रतना।।

आतंक निवारण मात्र अस्त्र बनी रतना।
उर्जित दिव्यता मात्र शस्त्र बनी रतना।।

रतनावली का राजापुर में रामचरितमानस लाना

नवमी तिथि मधुमास सुहाई।

तुलसी मसिपथ कथा रचि रघुराई।।

मार्गशीर्ष शुभ शुक्ल पुनीता।

महादेव का अंतस जीता।।

हरि की ख्याति होय बहु भारी।

दशहुँ दिशा हरि की जयकारी।।

रतना जाये जमुन बतलाई।

रामचरित्र मानस प्रभु रचवाई।।

संत महंत मगन मय हरि गुण गाते।

रामचरितमानस कवि तुलसी कहलाते।।

अति हरषाय रतन मन बोला।

पिय दर्शन रतन मन डोला।।

मन विचारि राजा बुलवाये।

हरि दर्शन झट देव कराये।।

गंगा नगरी तब रतना जाती।

विश्वनाथ का दर्शन पाती।।

पग मगाय हरि ढिंग जाती।

अखियाँ असुवन से भर आती।।

घूँघट करि ओट रतन बतलायी।

काहव देवि केहि कारन आयी।।

करि प्रणाम रतन पूछी कुशलाई।

नगर कुशल हरि सब क्षेम सुनाई।।

रतन विचारि कही शुभ बाता।
मानस देउ अब नाथ मोहि दाता।।
दोउ कर जोड़ रतन तब बोली।
अंत काल रहियो ढिंग मोरी।।
एवं अस्तु तब तुलसी कहि दीन्हा।
सब विधि बोध रतन हरि लीन्हा।।
पति पादुका निज गृह लै आती।
पूजन अर्चन नित शीश झुकाती।।
सुर नर मुनि सब मन मुस्काये।
रतना तुलसी दोउ अमर कहाये।।
रतना नारी स्वाभिमान बनी है।
राजापुर का अभिमान बनी है ।।
त्याग मूर्ति भक्त धामिनी कहलाई।
तप करि निखर भामिनी कहलाई।।
रामचरितमानस राजापुर लाई।
मानस मंदिर अब रहे सुहाई।।
अब नर-नारी सब दर्शन पावै।
भाव-विभोर सब जै-जै गावै।।
चहुँ दिस होय रतन बड़ायी।
परशू कुल में लक्ष्मी आयी।।
आशीर्वचन देत तब शिव नाथा।
सकल विश्व गावहि तुम्हरी गाथा।।

रतनावली का पूर्व जन्म

ऋषि प्रिया प्रारब्ध पूर्व संताप रहा है।

अनभिज्ञ रहे रतना से पश्चाताप रहा है।।

मानस कन्या शारद तुम अवतारी।

कलयुग की तुम जनहित कारी।।

ऋषि द्विवेदी की दारा कहलायी।

बन दिवेद्वनी हृदय बसि जायी।।

प्रेम प्रलाप रमणी धर्म निभाती ।

षोडश शिशु तिय जननी कहलाती।।

लीला कर अब स्वर्ग सिधारी।

ऋषि द्विवेदी अभिशाप उचारी।।

यहि वियोग बना रतना पर भारी।

कछु दोष बना मानुष लीलाधारी ।।

रतनावली के प्रति उद्गार

जीवन में सब तुमसे पाया रतना।

कर्म अभिन्न सर्वथा आगे आया रतना।।

कभी पढ़ा ना जिसने रतना का इतिहासा।

पति को फटकार कहे करे रतन उपहासा।।

रतना तुम सा जग में न कोउ हितकारी।

झुका सके तुलसी को न जग रचनाकारी।।

जग प्रकाश भये तुलसी रतना।

रुचि-रुचि रतन रचाये रचना।।

सब विधि जीवन बना सुहाना।

रचना करत मन अति सुख माना।।

रतनावली की अंतिम बेला

आगे की रतन कथा उर आयी।

भटक चौरासी अब चौरासी आयी।।

उदर विकार रतन हलकाई।

अंत काल अब आवा माई।।

विरहन बनि जरी दिन राती।

सुंदर काया कुंदन हो जाती।।

हनुमत जाये सपन दिखलाये।

अंत समय रतना के आये।।

हरि काशी से झट कीन्ह पयाना।

जन्मभूमि हरि पुनि पधराना।।

पुरवासी जन सब आस लगाये।

रतन देखि अब नैना भर आये।।

मूर्छित रतना अब धरनि पड़ी है।

रतन बिलोकि हरि आँख भरी है।।

कनक गंग दल तुलसी मँगाये।

मुख रतना के हरि अब डाये।।

सिहरा देत हरि ललाट अकुलाते।

रतन रतन बहु बार बुलाते।।

पलक मूँद खोल रतन निहोरा।

नैनन अश्रु बहे दोउ कोरा।।

करि प्रनाम सुरधाम चली है।

परहित जीवन नाम करी है।।

राजापुर अति हाहाकारी।

चली गयी हमरी माहतारी।।

रतन-रतन रतना गुहराते।

राम रतन धुन रतन सुनाते।।

चन्दन काठ शुचि चिता बनाई।

मुखाग्नि निज भ्रातज कर पाई।।

भुईं लिपाय शुचि दीप है दीन्हा।

रतन रतन हरि सुमिरन कीन्हा।।

तिल कर तेल रुई की बाती।

परहित जले दोउ जीवनसाथी।।

देवन ने तव करी आरती।

जय-जय रतना मातु की।।

स्वप्न अनुभूति एवं तुलसी जन्म कुटीर में देवी रतनावली की मूर्ति स्थापना

विरह वेदना कि मैं गाऊँ।

सपन दरस देवी का पाऊँ।।

सब प्रबुद्ध जन बात बताई।

केहि विधि रतन करो सेवकाई।।

मीरा धाम से मूर्ति मँगाई।

निज गृह अन्न शयन कराई।।

उचित जानि प्रभु दर्श कराते।

धाम महेवा श्री स्पर्ष कराते।।

रतना रतन मिलाप कियो है।

ज्योतिन ज्योति जगाय लियो है।।

अवराधक पाठक अति हर्षानि।

भोर साँझ नित दर्शन पानि।।

अनुमोदन पा हिय अति हर्षाई।

रतन मूर्ति निज मंदिर बैठाई।।

मेरी वेदना

दास पवनसुत बहु सुन्दर नामा।
काज हेतु अल्प काल गये सुरधामा।।
अंगद कारज अति चतुराई।
चरण पूजि पुनि ठौर बिठाई।।
निज गृह शिव रमा अनुरागी।
सेवा करत रतन होत बड़भागी
श्री गणेश आश्रय राम अनुरागी।
वैष्णव शरण श्याम बैरागी।।
हरषि हृदय दामिनी सेवा कीन्हीं।
रूचि पद पंकज शीश धर लीन्हीं।।
जन्मदिवस की पावनि बेला।
रतन दरस जुड़ा अब मेला।।
संतोष काज हृदय जो ठाने।।
पूजहि मात सतीश मुस्काने।।
उमेश रतन तन आभूषण दीन्हा।
सकुल सहित जीवन धन्य कीन्हा।।
धाराधर कुल सरार पाहुना आये।
सक्षमता वंदन अभिनंदन पाये।।
रतन प्रधान पुनि पाँव पखारा।
यही मनोरथ सकुशल सगवारा।।

सुअध्याय गृह निज रतन गुँजाये।

रतन-रतन सब जयकार बुलाये।।

अनुज राज गुलू कृत सेवकायी।

रतन चरण शत पत्र चढ़ायी।।

न्याय ही हित धर्म रतना जलती रही उम्र भर है।

उठती रही पीर की बदली सहती रही उम्र भर है।।

छला छली के खेल में दिशा बदल दी रात में।

संदीप बन जल रही पथ हिय राम जी साथ में।।

अपमान अपेक्षा की अति चोट सहा रतना ने।

चिढ़ विरक्ति के उच्चारण ओट पढ़ा रतना ने।।

ए प्रकृति पुरुष मत भूल नारी के आँचल में पलते हो।

मुझे लघुताई देने वाले उँगली मेरी पकड़ तुम चलते हो।।

लहू-लुहान देश की काया तब मधुमय पेय पिलाया था।

प्राण-प्राण से जुदा किये तुम्हें मृदुल गान सुनवाया था।।

कलम पकड़ के जगत सुधारे अधिकारों की अधिकारी है।

सरिता ममता की नीर भरी कोमल रतन सुकुमारी है।।

रतना ने गिन-गिन कर तिरस्कार सब ओढ़ा है।

रतना ने निज जीवन मधुरस घट खुद फोड़ा है।।

विनती करव दोउ कर जोरी।

क्षमा करव तुम त्रुटि हो मोरी।।

बहु विधि विध्न रहे निज ओरा।

सदगुरु कृपा संग नंद का छोरा।।

हमरी अँखियन के दोउ तारे

रतना एक तुलसी राम दुलारे।।

तारक सुत तुलसी की प्रिय रतन तपोमूर्ति रतनावली।

अश्रु नयन सिंचित पूर्ण रतन "सरिता" की कवितावली ।।

दोहा

संवत युग सहष अस्सी, षष्ठी श्रावण मास।
स्वाती भौम शुक्ल सुदी, रतना चरित प्रकास।।

निज हृदय सुख शांति हेतु, रचना सरित प्रवाह।
रतना की कवितावली, सरिता अंतस चाह।।

खण्ड – दो

कविताएँ

मुझे खबर नहीं मधुमासो का...

रतन जिकर में मिली विवशता,
खोलू पन्ना इतिहासों का।

रतन विरह में गीत लिखूँ,
मुझे खबर नहीं मधुमासों का।

विरह प्रेम की विधा कठिन है,
यह समझाने का प्रयत्न करूँ।
विग्रह की अभिलाषा में रतना,
स्थापित करने का मैं जतन करूँ।
फूल मिले या काँटा फिर,
नहीं फिकर एहसासों का।।

रतन जिकर में.....
सर पर इतना बोझ रहा फिर,
पथ कितना पथरीला है।
पलकों ने कितने आँसू पोंछे,
दिखा नहीं ममता का आँचल गीला है।
जब संभले पहचाना उनको,
एक सहारा आशीषों का।

रतन जिकर में...

सूना था आँगन बिन तेरे,

हम दुनिया को समझाते थे।

कहते, सुनते सहते सब,

जैसे कंकर पोखर में उतराते थे।

अपने ही अपनों को भूले,

खबर नहीं है साँसों का।

रतन जिकर में....

छल से छला गया यह जीवन,

आजीवन का था यह समझौता।

लहरों ने पतवार छीन ली,

नैया जाती खाती गोता।

सरिता सागर से करे याचना,

भय नहीं मुझे बरसातों का

रतन जिकर में....

पागल मन को क्या बतलाऊँ,

रतना को क्यों भूल गये।

जोत जलाई जिसने भक्ति की,

उनकी स्मृति वंदन भूल गये।

मुझको छूती है अब यादें तेरी,
पर वक्त नहीं मुलाकातों का

रतन जिकर में मिली विवशता,
खोलू पन्ना इतिहासों का।

रतन आते-आते बहुत देर कर दी...

सदियों से दर पर आँखें लगी थी, रतन आते-आते बहुत देर कर दी।
तुम नारी महान "तुलसी की रतना" हक पाते-पाते बहुत देर कर दी।

श्री पावन पग "यात्रा के सोपान" फिर मूर्ति की प्रतीक्षा।
युग-पुरुष तुलसी हमारे गुरुजी की "शोध समीक्षा"।
जन्मभूमि तुलसी की राजापुर यमुना बहे यहाँ इतनी पावन।
चित्रकूट के कण-कण में बस रहे कौशल्या के लालन।
उलझते रहे क्यूँ? प्रश्नों में प्रश्न उठाते उठाते अँधेर कर दी।
रतन आते-आते आते...
बारिश हो या जेठ की तपन दुपहरी सुबह साँझ की रात घनेरी।
तुम मेरा संसार बनी पल-पल ढूँढूँ ठौर तेरे पिया की डेहरी।
मैं स्मृतियों के पथ पर प्रिय तेरी कविताएँ लिखती हूँ।
मध्य दूरियाँ कितनी तेरे पथ की कोमल कलियाँ चुनती हूँ।
जला दीप फिर "सरिता" हृदय में, दरश देते-देते बहुत देर कर दी।
रतन आते-आते...

जन्मस्थली तुम्हारी ही चौराहा तुम्हारे शहर का।
अँधेर है जमाने के मन में यह सच क्यों ना ठहरता।
तुम्हारे विचारों से भक्तों की दुनिया है चलती।
गुजरते कहीं से मिलन की घड़ियाँ प्रतीक्षा है करती।
छुपे हो कहाँ हुलसी के नंदन, झलक

देते-देते बहुत देर कर दी।
रतन आते-आते...

अशांत क्षितिज पर शांति का अवतार कब होगा।
अस्थियों के जाल में शुद्ध रक्त का संचार कब होगा।
विश्व में मुक्त वाणी का मनोहर शुभ गान कब होगा।
निर्मम स्वेच्छा-चारिता निशा का अवसान कब होगा।
देदीप्यमान विशुद्ध हेम घड़ी, प्रभु देते-देते बहुत देर कर दी।
रतन आते-आते बहुत देर कर दी।

* * *

हे रतना तुम्हारे जन्म की...

मन की कलियाँ खिली एक निधि मिल गयी।
हे रतना तुम्हारे जन्म की तिथि मिल गयी।

मूल में जो विडंबना आज तक न दिखी।
ज्ञानी पाठक की बेटी रही क्यों छिपी।
अँधेरों कोआज दिति मिल गयी।
हे रतना तुम्हारे जन्म की...

संतो से पूछा, महंतो से पूछा।
खता कौन थी जो भाग्य है रुठा।
आज दर्द को औषधि मिल गयी।
हे रतना तुम्हारे जन्म की...

इस सौगात का शुक्रिया आज है उनका।
श्री शिव प्रकाश नाम धाम प्रयाग है उनका।
हर्ष की बेला को विधि मिल गयी।
हे रतना तुम्हारे जन्म की...

वैराग्य धारण किया जगहित में जिसने।
चैत्र कृष्ण अष्टमी को जन्म लिया उसने।
सरिता करें कविता दिशि मिल गयी।
हे रतना तुम्हारे जन्म की...

* * *

रतनावली की कवितावली

एक बार तुमने पुकारा...

एक बार पुकारा तुमने रतना अधर मधुर की बोली से।
छोड़-छाड़ सब आयी रतना अपने घर की ड्योढ़ी से।

रुप सुधा रस छलकाती तुम चंचल चितवन नारी थी।
यमुना जल में रही हिलोरे इतनी तुलसी को प्यारी थी।
सपन सुहाना हमने देखा झलक मिली जब थोड़ी से।
एक बार....

रोम-रोम को आँख बना कर निरखूँ अब मैं रूप तेरा।
गंगाजल-सी काया तेरी तन मन है अर्पित मेरा।
रात ख्वाब में तुमको देखा तिलक करूँ मैं रोली से।
एक बार...

जब प्रेम की घाटी में तुलसी के हिय में सागर उछला।
रात्रि पहर की बेला में प्राणों से प्रिय मिलने तुमसे निकला।
धर्म सनातन पर छाई कूहू निशा छोड़ा बंधन तब गोरी से।
एक बार तुमने...

मानस रचने को क्या तुमने अनुपम संदेश दिया।
खुद बैरागन बन गयी रतन पति को साधु का भेष दिया।
मानस पढ़ कर छूट रहा मन भव बंधन की डोरी से।
एक बार तुमने...

एक बार पुकारा तुमने रतना अपनी अधर मधुर की बोली से।
छोड़-छाड़ सब आयी रतना अपने घर की ड्योढ़ी से।

* * *

मूर्ति रूप में आओ रतना...

रोम-रोम में जिसके बसते, तुलसी के प्रिय प्राण हैं।
मूर्ति रूप में आओ रतना, हो न जाए मेरे जीवन की शाम है।

विप्र कुटी के आँगन में एक पुष्प खिला एक कली हुई।
माँ हुलसी को है लाल हुआ दीनबंधु के लली हुई।
हेतु रहा दोनों का जनमानस का कल्याण है।
मूर्ति रूप में...

आने से पहले जातक के सिर काले बादल छाये थे।
चैत्र कृष्ण को रतना जन्मे श्रावण शुक्ला तुलसी आये थे।
लगा लिया चुनिया ने छाती, निकले जब हुलसी के प्राण है।
मूर्ति रूप में...

रूपवती संग ब्याह हुआ,मन में बहुत हर्षाये थे।
विरह अग्नि से व्याकुल हो, खिड़की से तुलसी आये थे।
प्रेम सुमन अर्पण के पहले,रतना की वाणी से निकले बाण हैं।
मूर्ति रूप में...

धर्म सनातन पर छाई कुहू निशा वो प्रलय काल भयंकर था।
संकल्प रहा हिंदुत्व बचाने का, शस्त्र राम नाम मन मंतर था।
राम नाम से नभ-मंडल गूँजा, रह गयी धर्म की आन है।
मूर्ति रूप में....

पुष्पित वृक्ष तभी होते हैं जब रवि की गर्मी पाते हैं।
माँ रतना के अंतिम क्षण तुलसी राम नाम का यश गाते हैं।
हे देवी मैं नमन करूँ तुझमें बसते मेरे प्राण है
मूर्ति रूप में आओ रतना...

कंपित हाथों से तुलसी रतना का मस्तक सहलाते हैं।
अधर मधुर कुछ कह न पाये आँखों से अश्रु बह जाते हैं।
रतन-रतन सुन राम रतन धुन रतना के निकले प्राण हैं।
मूर्ति रूप में आओ रतना...

कल-कल-कल करती यमुना सरिता से कुछ कहती है।
शब्द सुमन अर्पित होकर यह कविता भी कुछ कहती है।
धरम-धरम ओ धरम के मालिक रतना का हो सम्मान है।
मूर्ति रूप में आओ रतना...

* * *

सरिता की कविता...

रतना तेरा प्यार मिला...
कोई पिछले जनम के अच्छे करम,
मुझे रतना तेरा प्यार मिला।

जहाँ सारी दुनिया भूल गयी,
मुझे अद्भुत स्वप्न दर्श निहार मिला।।

जग के झूठे नाते देखे देखा तेरा पर्याय यही,
जहाँ दिल को आके चैन मिले ऐसा क्यों न्याय नहीं,

जग से तू न्यारी है इतनी तू प्यारी है,
कहे तुलसी मुझे देवी उपहार मिला।।
मुझे रतना तेरा प्यार मिला...

कोई और हमें अब क्या देगा तेरे आने से जो हमने पाया है,
जिससे बरकत राजापुर की मेरे सर पर उसका साया है,
जग तू से न्यारी है तू दीन दुलारी है,
अद्भुत अनुपम शृंगार मिला।।
मुझे रतना तेरा प्यार मिला...

श्रद्धा से जिसने सम्मान किया उसने ही सब कुछ पाया है,
धन-दौलत चरणों की दासी संसार विधि की माया है,
जग से तू न्यारी है ये अर्जी हमारी है,
रतन कमल चरणों का हमें प्यार मिला।।
मुझे रतना तेरा प्यार मिला...

* * *

मेरे हृदय की कल्पना...

हृदय की अल्पना मेरी कलम की कल्पना मेरी,
तुलसी की तुम रतनावली।।

पाठक की बिटिया घर-आँगन की चिड़ियाँ,
रतनाकर की तुम रतनावली।।

याद लुभाती अति हर्षाती छाँव एक मेरे संग चली।
यमुना लहराती कुछ कहलाती प्रीति कहे यह बात भली।
तुलसी कि तुम रतनावली...

खुद को खुद से अलग करें यह बात मुझे ना लगे भली।
जिसने नित प्रेम प्रवाह किया क्या समझे वो कैसे रात ढली।।
तुलसी कि तुम रतनावली...

विचलन में धरम धैर्य का सेतु बनाया कहती राजापुर की गली-गली।
मानस सिंधु रचा तुलसी ने शिथिलन में उमंग बयार चली।।
तुलसी कि तुम रतनावली...

संसार पूजता उन्हें तिलक से "सरिता" भूले क्यों पाठक की लली।
रवि शशि क्षितिज अंबर मही युग साक्ष बने त्याग-मूर्ति रतनावली।।
तुलसी की रतनावली...

असीम सत्य का रहस्य गीत संजीव स्वर से गा चली।
उदास नेत्र के कोरो से अश्रु बूँद अब बहा चली।।
तुलसी कि तुम रतनावली...

* * *

हम राजापुर के वासी हैं...

तृण-तरुवर-पल्लव लतिकाएँ, जहाँ भक्ति प्रकृति में रहती है।

हम राजापुर के वासी हैं, हम राजापुर के वासी हैं।

जहाँ कल-कल यमुना बहती है।

शाश्वत धर्म हमारा होता है,

हमें जान से वह प्यारा होता है,

दिखावे की हमें जरूरत नहीं,

हिय मम प्रिय हुलसी सुत प्यारा होता है,

तुलसी को नमन करें वाणी जनमत राम-राम है कहती है।

हम राजापुर के वासी हैं,

हम राजापुर के वासी हैं जहाँ कल-कल यमुना बहती है।

कुछ लोग जो ज्यादा जानते हैं,

राजापुर को कम पहचानते हैं,

ये राजापुर है? राजापुर की कीमत क्या वो जानते हैं,

रक्षक बन रतना माँ सदियों से सब सहती है,

हम राजापुर के वासी हैं, हम राजापुर के वासी हैं।

जहाँ कल-कल यमुना बहती है।

दुनिया के सब दुख-द्वन्द बिसारे,

हम रहते हैं यमुना के किनारे,

फूहड़ बातों की चर्चा में क्यों अपना मैं जन्म गुजारूँ,

रतना तुलसी हो मेरे तुम विरह वियोगन मैं पंथ निहारूँ,
यह कलरवकारी दसों दिशाएँ अब ठगी-ठगी सी रहती हैं,

हम राजापुर के वासी हैं, हम राजापुर के वासी हैं।
जहाँ कल-कल यमुना बहती है।

करने दो अगवानी...

आली(सखी) रोको ना मुझे करने दोअगवानी।
पलकन में जो छवि समायी रतना रूप सुहानी।
आली...

मेघ श्याम सम केश सजे पट घूँघट मुख डारी।
गोल कपोल चंद्रमुख सखी अखियाँ है कजरारी।
आली हमने देखी छवि अति रतना मनुहारी।
आली ...

प्रसून संग कलियाँ खिलती कुटिया की महारानी।
धन्य भाग "सरिता" के कर दर्शन मन मुस्कानी।
आली कुंदन सी तप रतना चन्दन सी महकानी।
आली...

आशा निराशा की नैया में डूबत मैं उतरानी।
नैनन अश्रु बन झरत रहे रतन मौन मुस्कानी।
आली कदमों की आहट हमने है पहचानी।
आली...

मिथिला की मिथिलेश तपी हिय बसी सियरानी।
जलती रेत-सी रतना तपती वर्षा बन हरियानी।
आली करो आरती जग जाने नारी तो नारायणी।
आली...

* * *

तमन्नाओं की धूप से...

बहारें हमको ढूँढेंगी ना जाने हम कहाँ होंगे।
जिनको निखारा हमने तमन्नाओं की धूप से,
हाँ तमन्नाओं की धूप से,
गुलशन के हकदार हम कहाँ होंगे।
बहारें हमको...

बहारों की नजर में फूल और काँटे दोनों बराबर है,
हाँ दोनों बराबर है,
उन्हें क्या पता रोकने वाले कौन होंगे।
बहारें हमको...

जिन्हें देखा नहीं हमने उन्हीं को दिल तलाशता है,
हाँ उन्हीं को दिल तलाशता है,
मिला जो जहर जिंदगी में रतन शमशान में अमृत पियेंगे।
बहारें हमको...

बचाकर धर्म तुलसी गये रतन को क्यों भुलाया तुमने,
हाँ भुलाया तुमने,
उमड़ पड़ा सैलाब सरिता अश्रु के समुंदर कब तक बहेंगे।।
अलौकिक राजापुर की भूमि भारत की धरा है बनी,
हाँ धरा है बनी,

खाक में मिलकर वह हमें रोशन करेंगे।
बहारें हमको...

* * *

रतन कलश

दीन दुलारी मातु पियारी अति सुंदर तुम न्यारी।

अंग सर्व अनूप मोहनी शशि सम रूप निहारी।।

निरखत पिय, पिय मन डोलत तरुण रतन पियारी

चारू चंद्र चंचल किरण मुखमंडल रवि बलिहारी।।

कुसुम सेज शयन तीखे नयन अधर हँसि मोहिनी।

मृदु मंजुल मुस्कान पति प्रीति लपटत अंग अंगिनी।।

उर उमंग तरंग विभावरी चमकत रतन पिय संगिनी।

देह ज्वाल जग छायो हृद अनंत प्रीति मोह भंजिनी।।

विष पियत विरही जियत सुधामृत रतना रोमावली।

ज्यों यज्ञ मध्य हवि गावत चित पावन चरितावली।।

सरिता देह धारत कह सके न गुण तुलसी रतनावली।

राम भक्त बलिहार छोड़ संग नारि काशी में मुक्तावली।।

हाँ मैं कलम चलाती हूँ

हाँ मैं कलम चलाती हूँ।
खोई स्मृतियों को फिर से आज जगाती हूँ।।

अति पावन यमुना तट जहाँ राम वन गमन पधारे हैं।
अंजान जहाँ कब उनसे जहाँ तुलसी जन्म सँवारे हैं।।

बाल्मिक अवतार लिये पूनम शरद की धन्य हुई।
आशावर के चरणों में ऋषि तपस्या संपन्न हुई।।

चित्रकूट की पावन धरती पुनि-पुनि मैं रमन करूँ।
परम पूज्य ऋषि देव हमारे पद पंकज में नमन धरूँ।।

कैसी होती कब होती क्या होती है ऋषि देवों की मानता।
कविता कुछ भी दे सकती सरिता सारा जग ये जानता।।

सो गयी विस्मृतियों के सेजो पर इतिहास कहे मैं जागता।
छँट गये मेघ अब अम्बर से व्याकुल हो मन ये जानता।।

जल के हिल जाने से जैसे तल की छाया हिलती है।
बहुत तलाशा जिसको हमने ख्वाबों में रतना मिलती है।।

दुनिया कहाँ कहाँ से पहुँची रतना मेरा है स्थान कहाँ।
ऐसी आशा न थी मुझको रतना छूँछा था उत्थान वहाँ।

विफल मनोरथ होते रतना पर तनिक नहीं मैं हारी थी।
स्वाभिमान ज्योतिष्क रतन लोचनों में शक्ति तुम्हारी थी।।

धरम कमाते वह तुलसी कृत रामायण से रतना।
सुन पढ़ कर जपते नारायण से नारायण रटना।।

बुंदेल-खंड की रतन धरा वीर भूमि कहलाती हैं।
तुलसी रतना रक्षक बन धर्म ध्वजा फहराती है।।

हाँ मैं कलम चलाती हूँ।

* * *

हमारी कामद यात्रा...

कोई जाए कामदनाथ मेरा पैगाम ले जाना।
खुद तो जा नहीं पाऊँ मेरा प्रणाम ले जाना।।

ये कहना अवध दुलारे से,
मुझे तुम कब बुलाओगे।
बुने जो जाल माया के,
प्रभु कब इससे छुड़ाओगे।
मुझे इस घोर दलदल से मेरे भगवान ले जाना।

जब उनके सामने जाओ,
तो उनको देखते रहना।
मेरा हाल जो पूछे तो,
जुबां से कुछ न कहना।
बहा देना दृग बिन्दुओं से मेरा जयगान दे आना
कोई जाये...

जो रातें जाग कर देखें,
मेरे सब ख्वाब ले जाओ।
मेरी आँख से बहते आँसू,
पीड़ा मेरी सब बता आओ।
ना ले जाओ गर मुझे मेरा उड्डान दे आना।
कोई जाये...

* * *

रतन द्रुम...

शारद कनिका जग हितिका रूप बदल तुम आयी।

जगतारिणी मनकामिनी तुलसी अर्धांगिनी कहायी।।

जग जाने तुलसी माने स्वरूप अति तेजस्वनी।

त्याग मूर्ति कल्याणी वैरागन अति तुम तपस्विनी।।

तुमको सोचूँ तुमको पूजूँ तुमको ही मैं ध्याऊँ।

तुम्हें लिखूँ तुम्हें पढ़ूँ मन तेरे ही गीत सुनाऊँ।।

क्या ढूँढूँ क्या खोजूँ रतना कहाँ तुम्हें मैं पाऊँ।

धर्म-चारिणी हित-कारिणी रचना रचि लुभाऊँ।।

अपनी रतन को हृदय बिठा नैनन नीर बहाऊँ।

असुवन कीमैं करूँ आरती हिय अति हर्षाऊँ।।

मुझ पर अति उपकार किया तब रतना ने।

स्वप्न दर्श दे कल्याण किया अब रतना ने।।

संसार सपन उस पल को स्वीकार करो।

उस अमिट छवि देख नेह उद्गार भरो।।

खोजती उस पल छवि पद पंकज सिर धरो।

पूर्ण कर तुम छू "सरिता" सपन साकार प्रिय करो।।

*** * ***

यादों के झरोखों

समेटे अनगिनत सपने मुझे कुछ और न दिखा,
उठायी जो कलम प्यार से रतन हर बार है लिखा।।

बचपन छोड़ जवानी प्रौढ़ से आगे बढ़ गयी रतना,
विरह विष पीकर कहानी गढ़ गयी रतना।
ओढ़ ली गम की चादर हटा भय की निशां।।
समेटे...

समझते जो भावनाओं को कद्र करना सीख जाते,
प्रश्न पर प्रश्न उठाये क्यों हम उत्तर लिख नहीं पाते।
रतन न प्रेम न सम्मान न हिय उद्धार है दिखा।।
समेटे...

जान ले जगत प्रकाश तले अँधियारा है,
विधाता जो भी दे हमने उसे स्वीकारा है।
अपना कहे पराया फर्क कई बार है दिखा।।
समेटे...

अनछुए पहलू जिन्हें हम याद करते हैं,
कहाँ हो तुम मिलन की फरियाद करते हैं।
घटा काली वृष्टि बूँदों में तुम्हें निहार लिखा।।
समेटे...

खजाने कोष शब्दों के दे गयी हो तुम,

व्यथित है मन कहाँ गुम हो गयी हो तुम।

तुम ही तुम नजर में "सरिता" दूजा और न दिखा।।

समेटे...

उमड़े बादल हृदयाकाश में

काले मेघ हवा सरसराती साँसें आती-जाती।
कड़ी धूप में आग लगायी यादें आती-जाती।।

सारा जीवन लगा दिया कल्मिष को धोने में।
रह-रह के रतन सताती ढूँढूँ घर के कोने में।।

कहीं किसी दिन उनकी बातों में सतरंगी आभा।
जलते वन बसंत किये खुद तोड़ी डाली से गाभा।।

जीवन की ज्वार यहाँ "सरिता" आती-जाती देही।
प्यार हृदय सब वार दिया नहीं दिखा जग स्नेही।।

आज खो गया मन काले बादल हृदयाकाश में।
रहे छिपा तो खोजा क्यों "सरिता" धुंध भरे अकाश में।।

* * *

सखी रतना के निहार के...

जमुना मंद होय रही सखी घटवा मा आय के।

सुरति सुहावन सखी रतना के निहार के।

जमुना ...

चमक देख मुख मंडल की चंदा चमक छिपाये।

मुखमंडल की देख छवि रही चंदनिया शर्माये।

सौ-सौ बारी जाऊँ सखी रतना के निहार के।

जमुना ...

सुंदर रूप मोह मन लेती कैसे पलक झुकाऊं।

हार के हार न पाऊँ रूदन करु फिर मुस्काउं।

व्याकुल हृदय मनवा भा चचंल निरखू जब निहार के।

जमुना...

हे! तारक की महतारी तनक राज मोहे बतलाओ।

दूर रही महारानी अब तक सोये भाग जगाओ।

विकट समय है देखूँ रतना बिसरी राम रमे रमाये के।

जमुना...

* * *

गोस्वामी जी की पालक माता देवी चुनिया

चुन-चुन कर पुष्प खिले राजापुर की रज उपवन में।
किस-किस की महिमा गाऊँ सब रहते हैं मेरे अंतर्मन में।

माँ हुलसी ने तुलसी को जब जन्म दिया।
थी आशंका अनहोनी की चुनिया की गोद में डाल दिया।
आच्छादन आभूषण दे चुनिया को माँ विदा करें।
लाल मेरा है मंगलकारी पाल पोष तू बड़ा करें।।
उदय दिवाकर के पहले पहुँची जाके हरिहरपुर में।
किस-किस की महिमा गाऊँ...

सत्रह बरस की परिणीता ममता उसके मन भर आती है।
बार-बार मुख चूमे तुलसी को हृदय लगाती है।
यह भारत की नारी है जिसको देवों ने भी पूजा है।
बार-बार मन आज कहे माँ सम जग में नहीं कोई दूजा है।
एक जन्म की बात नहीं सब अर्पित देवी तेरे चरनन में।
किस-किस की महिमा गाऊँ...

आठ पहर की बेला बीती तुलसी को भूख सताई है।
जाए कहे साँस से चुनिया झट गोरस लाये पिलाई है।
पीते ही पय तुलसी ने फटकार किया।
हाय-हाय कर चुनिया बोली झट वैद्य राज ले आओ पिया।
वैद्यराज उपचार कहे माता का दूध मिले पल भर में।
किस-किस की महिमा गाऊँ...

हारी निर्बल सी चुनिया तुलसी को हृदय लगाती है।

भर उठी ममता से चुनिया उरस्थल से पयधार फूट कर आती है।

उरस्थल से लगाकर तुलसी को दूध पिलाती है।

गहन वेदना के क्षण में हर्षित हो सारा प्यार लुटाती है।

देवी चुनिया की जय जयकार हो रही हरिहरपुर में।।

किस-किस की महिमा गाऊँ...

इतना ही नहीं प्रभु क्या-क्या लीला दिखलाते हैं।

गर्भित होती चुनिया त्रिभुवन की बेल बढ़ाते हैं।

आनंदित पल ठहर ना सके त्रिभुवन का देहांत हुआ।

गर्भित चुनिया शृंगार भरी छिन भर में जीवन एकांत हुआ।

जली चिता अरमानों की सिसक रही चुनिया पल-पल में।।

किस-किस की महिमा गाऊँ...

मास दिवस कुछ बीते चुनिया का प्रसव काल अब आता है।

माघ मास तिथि बसंत पंचमी त्रिभुवन कुल का दीपक पाता है।

भूल गयी सब दुख चुनिया बालक से लाड़ लगाती है।

प्रभु की लीला अजब रही होनी फिर क्या खेल रचाती है।

सर्पदंश से जाती चुनिया भटके तुलसी अब दर-दर में।।

किस-किस की महिमा गाऊँ...

रतनावली की कवितावली

महादेव से बोली गौरा अभी कितना संघर्ष लिखा।
मुझसे न सही जाती पीड़ा क्यों इसके जीवन में कष्ट लिखा।
भोले बोले बालक है जग का हितकारी।
जेहि कारण यह लीला रचा रहे लीलाधारी।
तुम तनिक रंज नहीं करो प्रिया धीर धरो अपने मन में।।
किस-किस की महिमा गाऊँ...

गुरुदेव चरण में अपना शीश झुकाते हैं।
नरहरिदास की शरण अब तुलसी आते हैं।
गुरु सानिध्य मिलते ही तुलसी जीवन को उपहार मिला।
स्वर्ण कांति सी बुद्धि जिनकी जग को श्रेष्ठ रचनाकार मिला।
आशीष गुरु का पाते ही कीर्तिलता फैली जग भर में।।
किस-किस की महिमा गाऊँ...

बार-बार मैं नमन करूँ जो चुनिया की कथा सुनाते हैं।
छलक गयी आँखों से "सरिता" शब्द सुमन अर्पित करुण व्यथा बताते हैं।
चुनिया तेरे उरस्थल सी कहीं धवल की धार नहीं।
झुका सके तुलसी को कोई जग में ऐसा कोई रचनाकार नहीं।
कीर्ति लता फैली जग में स्थापित होती मानस घर-घर में।
किस-किस की महिमा गाऊँ...

* * *

मेरी हसरत है कि कुछ लिखूँ

सोचती हूँ क्या लिखूँ,
रतना तुलसी तुम्हें अभिनंदन लिखूँ।
या राजापुर की मिट्टी को चंदन लिखूँ।
सोचती कि और क्या लिखूँ...

संत चरण अनुराग लिखूँ पड़ी भँवर में राग लिखूँ।
या सुख दुख साथ लिये धूप कभी छाँव लिखूँ।
सोचती हूँ और क्या लिखूँ...

गंगा, कावेरी, सरयू के पावन घाट लिखूँ।
या राह ताकती रतना का प्रिय यमुना घाट लिखूँ।
सोचती हूँ और क्या लिखूँ...

राखी बंधन संग सावन का त्योहार लिखूँ।
दीपों की जगमग या होली रंग फुहार लिखूँ।
सोचती हूँ और क्या लिखूँ...

धानी चुनर ओढ़े क्षितिज का अनुपम शृंगार लिखूँ।
परंपराओं से ओतप्रोत प्रिय रस्मों को बलिहार लिखूँ।
सोचती हूँ और क्या लिखूँ...

* * *

रतनावली की कवितावली

आओ कुम्भ चले

संपूर्ण भाव से शृंगारों से परिपूर्ण,

पुष्पा के हारों का हार पहनकर,

मंद-मंद मुस्कान मधुर लहरों की

पयोधर स्वर्ण-कलश मनोहर धर्म-कुम्भ।।

आओ कुंभ चले...

ऋषि-मुनियों की वाणी से हो रहे मुदित मन,

आनंदपूर्ण मन सर्वोत्तम आभूषण,

प्रियतम निकुंज राग में रंगी,

मन कलरव करता देख लहर त्रिवेणी मन।।

आओ कुंभ चले...

सत रत तप का मंगलसूत्र,

स्वर्णिम पुष्पों की माला में सजकर,

रत्नों का भूषण लटक रहा...

धर्म ध्वजा फहराये रही

शंखनाद वेद कंठ अति सुंदर।।

आओ कुंभ चले...

निकल रही किरणों की आभा से,

लगे सुनहरी भानु से गंग लहर,

विद्युत उपकरणों से देदीप्यमान,

लग रहा प्रयाग अति सुंदर,

आओ कुंभ चले...

अटपटे घुँघराले घने केस,

दिव्य दिगंबर संतों के,

भस्म मले शृंगार निराला किये,

पुष्प माल लगे पुलकित से।।

आओ कुंभ चले...

हे सर्वेश्वरी सरित पावनी माँ नदीश्वरी,

हे विष्णु प्रिया हे शिव जटा निवासिनी,

हे भीष्म मातारि त्रिभुवन लोक विहारणी,

मुक्ति दायिनी पापनाशिनी हे देवनदी।।

आओ कुंभ चले...

करुणा की सागर विशाल हृदय मोक्ष द्वार तेरा,

धन्य हुए माँ भक्त जिसने किया दीदार तेरा,

हे विशाल नदी कृपाकांक्ष हे भागीरथी तपस्विनी,

हे हिमगंगे हम तेरे बंदे दे कृपा दान हे शिव जटा निवासिनी,

आओ कुंभ चले...

स्वर्णपगा, सुरधुनि, अमरतरंगिनी, त्रिपथंगा,

जाह्नवी, सुरसरि, मंदाकिनी हे ध्रुवनंदा,

हे देव नदी भागीरथी विष्णुपगा, सुर सरिता,

देवपगा हे गंगनदी निर्मल मन लिखती कविता।।

आओ कुंभ चले...

* * *

बस एक नजर

दर्द होता है तो कागज पर लिखती हूँ मैं।

अपनी माँ की बनावट सी दिखती हूँ मैं।

संस्कार सब मेरी माँ ने सिखाये हैं।

कैसे होते हैं रिश्तेदार सब बताये हैं।

बेटी पथ कठिन है चलना संभल-संभल कर।

बस एक नजर...

माँ हुलसी का लाल नरहरि का तुलसीदास हुआ।

माँ रतना का अमर सुहाग जिसका विश्व में प्रकाश हुआ।

एक शक्ति को एक भक्ति ने पहचाना है।

पार यमुना के जाना तो एक बहाना है।

उनका जन्म हुआ है राम राम बोल कर।

बस एक नजर...

मैं ऋषि गौतम की नारी अहिल्या शिला होती है।

अग्नि में तप सीता सती प्रेम में राधिका रोती है।

हेतु नारी की रक्षा जटायु पर कटाते हैं।

दुष्ट दुशासन खींच द्रोपदी सभा में लाते हैं।

इसकी अस्मत है अनमोल न तार-तार कर।

बस एक नजर...

रतनावली की कवितावली

सृष्टि की सृजनहार नारी है।

त्रिभुवन के नायक श्री राम कह रहे महतारी हैं।

सत तप के बल पर देवों को पालना झूलाती हैं।

वो तप साधिका सती अनुसुइया माँ कहाती है।

फेर लेते हो विधाता नजर नारी पर होते अत्याचार पर।

बस एक नजर...

रतना सा त्याग यहाँ मीरा सी भक्ति है।

लक्ष्मी बाई सम यहाँ नारी की शक्ति है।

स्मृतियाँ अब मन मस्तिष्क में घूमती है।

लिखने को इतिहास कलम कागज चूमती है।

चढ़ गये धर्म की वेदी पर जय-जय बोलकर

बस एक नजर...

हम धर्म पर चलना सिखाती रामायण है।

हमें सत्य का पाठ पढ़ाती गीता पावन है।

संस्कार संस्कृति की वाणी वेद में है।

ऋषि मुनियों की बात सच्ची न मानो भेद में है।

सनातन धर्म है अपना रखना इसे संभाल कर।

बस एक नजर...

* * *

जिंदगी यूँ चलना सिखाती नहीं

बिन गिरे वह किसी को उठाती नहीं।

जिन्दगी यूँ ही चलना सिखाती नहीं।

तेरे घर पे मेरे पहले कदम में ठोकर लगी।

चोट मेरी बनी उस पर तेरी महफिल हँसी।।

रहमों-करम रतन तेरी चौखट में आती नहीं।

जिंदगी यूँ ही चलना सिखाती नहीं...

बड़ा बेरहम जमाना वो कहते रहे।

दर्द उनके हम सब सहते रहे।।

बीच में एक साजिश मुस्कुराती रही।

जिंदगी यूँ ही चलना सिखाती नहीं...

बिगड़ा कुछ भी नहीं कुछ सँवर है गया।

बीच मझधार में थे वो भँवर है गया।।

पतवार बन मेरी किश्ती को तू चलाती रही।

जिंदगी यूँ ही चलना सिखाती नहीं...

 रतनावली की कवितावली

दौलत से आका कोई शोहरत से आका।
दो गज जमीं ने भाई-भाई को बाँटा।

बस्तियाँ उजड़ कर भी जगमगाती रही।
जिंदगी यूँ ही चलना सिखाती नहीं...

बहुत बेचैन मन तो रात भर लिखते रहे।
दर्द कागज पर था अखबार बन बिकते रहे।।

कह ना पाये जमाने से हम सही।
कागज कलम से बताती रही।

जिंदगी यूँ ही चलना सिखाती नहीं।
बिन गिरे वह किसी को उठाती नहीं।।

* * *

जीवन बनी किताब...

एक रतना की बात एक तुलसी की रात।
स्याही और दवात जीवन बनी किताब।।

माता ने जन्म दिया पालक पिता हमारे आप।
कोमल मन की राह कठिन जीवन साथी साथ।
जीवन बनी किताब...

कुछ रिश्ते इस आँगन से बँधे सूत्र के धागन से।
जाये बिखर न कहीं यह मोती देती उसमें गाँठ।
जीवन बनी किताब...

नारी-नारी सब करें बिन नारी घर जाले में बिंध जात।
सुबह-शाम तक सेवा करती गिरत-परत लड़खड़ात।
जीवन बनी किताब...

न चैन रहा न बेचैन हुए यह जीवन की ये बात।
जन्म से पहले रची गयी जीवन की ज्यों रास।
जीवन बनी किताब...

हानि-लाभ जीवन-मरण यश-अपयश है साथ।
कितना भाग ले ऐ प्राणी संग-संग पछियात।
जीवन बनी किताब...

मन की वेदना मन ही भेदे लहू दिखे न घाव।

रह-रह कर पलके भीगी पायल बाँधी पाँव।

जीवन बनी किताब...

सन्नाटा था मेरे मन मधुबन में

सन्नाटा था मेरे मन मधुबन में उज्जवल मन का तराश हुआ।
जगमग हो रहा भूमंडल दीपों से अद्भुत नव-प्रभात हुआ।

धर्म आचरण से विभूषित अनाचार का नाश हुआ।
सत्य प्रेम का अमरदीप नभ मंडल में प्रकाश हुआ।

खेतों ने ओढ़ ली धानी चादर शरद ऋतु का आगाज हुआ,
मंद-मंद मुस्काते भूमि पुत्र, खुशियों का अद्भुत अंदाज हुआ।

प्रकृति हो रही भाव विभोर खुशियों की लहर उठने से।
छोटे-छोटे दीये बनाते मिट्टी से चंचल मन हर्षित आशा की बिक्री से।

यह धर्म नहीं कहता कि पावन पर्वों पर मदिरापान करो।
घर गलियारों में खेल जुवां लक्ष्मी का न अपमान करो।

विद्युत उपकरणों हो रहे रोशन झिलमिल प्रकाश हुआ,
विद्युत लड़ियाँ चमक उठी मन मिट्टी का निराश हुआ।

उठा दीन-दुखी को उसे अपने गले लगाओ।
हर्षित कर घर आँगन को, अमर प्रकाश फैलाओ।।

सन्नाटा था मेरे मन मधुबन में...

***

खण्ड – तीन

कविताएँ

पवनसुत चारिव डोले

उत्तर दिशा से उनई बदरिया।
दक्षिण बरसे मेघ पवन सुत चारिव डोले।

काह फार रतन कागज़ा बनावे,
काहे न के मसीहान नाथ बांचत चले आवें।
आँचर फार रतन कागजा बनावे,
नैनन के मसिहान नाथ तक को पहुँचावें।
पवनसुत...

पोरन बिच अंगुरी थिरकन करती,
गिन-गिन सखी अब रतिया कटती।
कनक घड़ी संग जो रहे बीति पिया,
तपत ताव बिरहानल से रतन जिया।
पवनसुत...

मोरे दुवारे एक पंडिता बेटउना,
पोथिया बाँच सुनाव करम बिच काह लिखा है।
पोयपोथियाँ बाँचे मनहि बिसूरे,
चुऐं मोतिन के आस विरह बिच राम लिखा है।
पवनसुत...

मोरे दुवारे जमुना बहत है,

जमुना करें हिलोर-हिलोर जिया मोरा धरे उठावे।

पतिया लिख-लिख रतिया काटे,

भोर भानुजा वारि बहावें पिया तक पहुँच न पावे।

पवनसुत...

रामायण के प्रणय प्रणेता तन-मन मा बसिगे।

जगहित मा हरि रामायण रचिगे।

घर-घर मा सखी सबके पोथी धरिगे।

लिख-लिख सरिता बतावे रतन सुध काहे बिसरिगे।

पवनसुत...

रतनावली की कवितावली

बेजुबां पहाड़ बोलते हैं

बेजुबा पहाड़ बोलते बंद किस्मत के द्वार खोलते हैं
वाल्मीकि की तपस्थली माँ आशावर धाम हैं,
आगे-आगे वन श्री अद्भुत लालापुर धाम हैं,
गुंजन मधुरिम हरि नाम बोलते हैं।

प्रभु राम की तपस्थली चित्रकूट धाम हैं,
तुलसी चंदन घिसे तिलक लगाये लखन राम हैं,
प्रति पग प्रदक्षिणा में राम-राम बोलते हैं।
बेजुबान पहाड़ बोलते हैं...

मैहर की शारदा विन्ध्य की वासनी,
माँ वैष्णो कश्मीर की निवासिनी,
पग-पग चढ़ जय कार बोलते हैं।।
बेजुबान पहाड़ बोलते हैं...

राधा मोहन की छवि नैनन में समाई,
ब्रज की रज में बसे गिरिराज कन्हाई,
धन्य-धन्य अन्नकूट संत हाथ जोड़ते हैं।
बेजुबान पहाड़ बोलते हैं...

हिमालय की पुत्री विष्णु प्रिया गंगा माई है,

भागीरथी की तपस्या से धरती पर आयी,

हर हर गंगे से मोक्षद्वार खोलते हैं।

बेजुबां पहाड़ बोलते हैं...

ऋषि-मुनियों की तपस्या नर्मदा कुमारी,

मध्य की धरा पर जय जयकार तुम्हारी,

काले-काले कंकर से हर-हर शंकर बोलते हैं।

बेजुबान पहाड़ बोलते हैं ...

भारत की धरा पर हिमराज बेशुमार है,

कितना कहूँ पर्वतों की महिमा अपरंपार है,

कंदराओं में समाधिस्थ ऋषि राम-राम बोलते हैं।

बेजुबान पहाड़ बोलते हैं...

वेदना गीत

उठो महामानव वेदना से मन जल रहा है।
लाने को रतना अब युग मचल रहा है।

चित्कार उठाती है सारे चमन से,
शोला बरसते हैं मेरे नयन से,
है इतनी जलन की हृदय जल रहा है
उठो महामानव...

जले पत्ता-पत्ता बूटे-बूटे जले हैं,
घाट की बाट तके रेत अब जले हैं,
ख्वाबों का अब अंजुमन जल रहा है।
उठो महामानव...

कहती है जिसको दुनिया रतना माई,
चमन में उसी ने भक्ति धारा बहाई।
यमुना का देखो जल, जल रहा है।
उठो महामानव...

ख़ामोश सरिता वियाबां में घूमें,
मुरझाए गुलिस्तां को माली है चूमें,
अब आँखों में ठहरा सपन जल रहा है।
उठो महामानव...

* * *

मैं दीप अवश्य जलाऊँगी

एक दीप आश का।

एक विश्वास का।

एक प्रकाश का।

एक धरती का।

एक आकाश का।

एक सूर्य के प्रकाश का।

एक चाँद के दमक का।

एक चाँदनी के चमक का

एक शिखर के सम्मान का।

एक नदियों के उद्यान का।

एक माली के गुलशन का।

एक तारों के संगठन का

एक गुरु के ज्ञान का।

एक वेद-विद्वान का।

एक तुलसी के वैराग का।

एक रतना के त्याग का।

एक गीता के ज्ञान का।

एक रामचरित्र महान का।

एक ऋषियों की तपस्या का।

एक हल होती समस्या का।

एक परमात्मा के ध्यान का।

एक संतों के सम्मान का।

एक नारी के बलिदान का।

एक सबके कल्याण का।

एक प्रेमी के प्यार का।

एक विरह के इंतजार का।

एक तम के उजाले का।

एक भूखे के निवाले का।

एक बेसहारे के सहारे का।

एक डूबते के किनारे का।

एक जन-जन की वाणी का।

एक मानव की नादानी का।

एक खेत और खलिहान का।

एक भूमि पुत्र किसान का।

एक वीरों के बलिदान का।

एक भारत माँ के सम्मान का।

स्नेह मानवता को लाऊँगी।

मैं राष्ट्रहित का धर्म निभाऊँगी।

हाँ! मैं दीप अवश्य जलाऊँगी

* * *

सत्य सनातन धर्म हमारा ध्वजा
हाथ में ले बढ़ना होगा

हे अवध दुलारे कौशिल्या नन्दन तुम्हें वन पथ पर फिर चलना होगा।

हम उत्तम कुल के जातक हैं,
हम जप तप योग के साधक हैं।
हम क्षमादान के याचक हैं,
हम सब त्याग धर्म के पालक हैं।
हम गीता को पढ़ सुनने वाले,
तुलसी कृत मानस के गायक हैं।
हम परशुराम के वंशज,
रतना तुलसी मेरे नायक हैं।
सत्य सनातन के धर्मवीर शंखनाद तुम ही करना होगा।
हे अवध दुलारे कौशिल्या नन्दन तुम्हें फिर बन पथ पर चलना होगा।

करते हैं हम बिनती पहले,
संयम से फिर समझाते हैं।
लंकेश पति हो या दुर्योधन,
शांति दूत फिर भिजवाते हैं।
वचन कटु सुन शांत रहे,
शिशुपालों को हम सहते हैं।

नदियाँ जहाँ पूजी जाती,

शैलों को शीश झुकाते हैं।

हम भारत के वासी हैं विजय घोष फिर करना होगा।

हे अवध दुलारे कौशिल्या नन्दन तुम्हें फिर बन पथ पर चलना होगा।

शरणागत की रक्षा करते,

दुश्मन को धूल चटाते हैं।

राम-कृष्ण आराध्य हमारे,

चरणों में शीश झुकाते हैं।

बार-बार धर्म स्थापित करके,

हमने धरती तारी है।

हर नर में श्री राम कृष्ण हैं,

नारी में सीता बृषभान दुलारी है।

माँ दुर्गा बन महिषासुर मर्दन करना होगा।

हे अवध दुलारे कौशिल्या नन्दन तुम्हें फिर वन पथ पर चलना होगा।

मुरली की धुन में जो हमें नचाते,

उन्हें नाग नाथना आता है।

सागर मंथन भोले करते,

उन्हें सेतु बाँधबाँधना आता है।

तुलसी, सूर, कबीर की भूमि,

जो प्रभु यश है गाते हैं।

उनकी पावन प्रतिमाओं पर,

हम अपने शीश झुकाते हैं।

सत्य सनातन धर्म हमारा रक्षक हमको बनना होगा।

हे अवध दुलारे कौशिल्या नन्दन क्या तुम्हें फिर वन पथ पर चलना होगा।

बातों से जो बात बने ना,

हम फिर अस्त्र उठाते हैं।

बुरी नजर जो हो हम पर,

उस को धूल चटाते हैं।

वेद शास्त्र कंठस्थ रहे,

रग-रग में भक्ति समाई हो।

हर बेटा शेखर, आजाद बने,

हर बेटी "सरिता" लक्ष्मी बाई हो।

कफन बाँध माथे में धर्म की रक्षा करना होगा।

हे अवध दुलारे कौशिल्या नन्दन तुम्हें फिर वन पथ पर चलना होगा।

* * *

चुन-चुन कर जो सपने देखे...

चुन-चुन कर जो सपने देखे मन ही मन में खाक किया।।
खुद को बाँध लिया शर्तों से जीवन अपना राख किया।

खुद तय कर ली अपनी कीमत,

भीतर से तू खाली थी।

धुंधली कर ली अपनी आँखें,

तू जाति से नारी थी।।

दोष नहीं था कुछ भी पर दोषी बनना स्वीकार किया।

चुन चुन कर...

खबर नहीं थी कल की तुझको,

रिश्तों ने कमियाँ गिन डाली।

हिसाब लगाया तिल-तिल कर,

इल्जाम लगाया मुझ पे भारी।

थाम लिया चलते कदमों को न कोई इंकार किया।

चुन-चुन कर...

कुर्बान हो गये हम अपनों पर,

समझा न गैर या फिर मेरे।

अरमानों का कुछ कोष संजोया,

पूछो ''सरिता'' कितने घाव घनेरे।।

वक्त की है सब पहरेदारी एक नहीं कई वार किया।

चुन-चुन कर...

बात हमारी तुम मत करना,

हम हैं फूल बहारों के।

मृत्तिका की सर्जना संजीवनी,

टकराती जब चट्टानों से।

खुद में खुद को खोजा खुद ही खुद का प्रतिकार किया।

चुन-चुन कर...

* * *

गिरह बहुत तब खुले पिया...

विरह मिला जब जीवन में,
गिरह बहुत तब खुले पिया।।
हालाहल विष मिले जब जीवन में,
राम नाम अमृत तब मिले पिया।।

चहुँओर जगत अँधियारा था,
धर्म सनातन में संकट घिर आया था।
राह दिखाती तुलसी को,
रतना नारी तब उपदेश दिया।।

गिरह बहुत तब खुले पिया...
मैं हृदय गाँठ की क्या खोलूँ,
तुम आँखों से सब पढ़ लेना।
दूर-दूर तक अँधियारा जग में,
ज्ञान के मोती अब बिखराओ पिया।।

गिरह बहुत तब खुले पिया...
दो प्राणी मिल दे गये रेत में हरियाली,
धुंध छटी अँधियारों की देखी भोर निराली।
विचलित नहीं हुए सूरमा,
विघ्नों को जब गले लगाये पिया।।

गिरह बहुत तब खुले पिया।
रतना नारी बड़ी महान फिर भला मैं क्यों बिसराऊँ,
हर आते जाते प्राणी से मैं यही बात दोहराऊँ।
सब ग्रंथों में अतिशय न्यारा।
तुलसी कृत मानस की जय-जय कार पिया।
गिरह बहुत तब खुले पिया...

* * *

क्या तुमने भी याद किया है

प्रेम पिपासा के मरुस्थल में,

खुद क्या तुमने पाया है।

कितने ख्वाब संजोये तुमने,

कितने सपनों को ठुकराया है।।

क्या तुमने भी याद किया है...

गाँठें प्रेम की खोली तुमने,

कितनी बाँधे रखा है।

मन के चित्र उकेरे कितने,

कितने गौण बना रखा है।।

क्या तुमने भी याद किया है...

बाँहें प्रिय की थामी तुमने,

कितनी बार छुड़ायी है।

हृदय वाटिका में जाकर,

तुलसी हृदय लुभायी है।।

क्या तुमने भी याद किया है...

त्याग तपस्या के पौधे रोपे तुमने,

अक्षर जननी से आतंकवाद रोका है।

मनोहरी प्रेम शाम को तुमने,

मधुर मिलन को प्रिय टोका है।।
क्या तुमने भी याद किया है

ग्रहराज निहारा तुमने कितंना,
खुद को भी क्या आँका है।
विरह सिंधु में डूबी जितना,
सूर्य सुता नित ताका है।।
क्या तुमने भी याद किया है...

तारो को गिन डाला तुमने,
रजनी जाग बितायी हो।
मैंने महसूस किया तुमको,
तारक मातु कहायी हो।।
क्या तुमने भी याद किया है...

उर्मि हिलोर तरणी जब करती,
उठी लहर और शांत हुई।
हर शर्त निभाकर सरिता,
रतना जीवन सीतांत हुयी।।
क्या तुमने भी याद किया है...

* * *

विरहणी रतनावली

वह याद कर रही थी पहला मिलन,

रतन देख रहे हुलसी के ललन।

पिया का साथ अति सुखदाई,

फिर कैसी आँधी है आयी।।

वह याद...

आँखें थी उसकी झुकी हुई,

पति चरणों में रुकी हुई।।

अनुपम था वह मधुर मिलन,

हर्षित था दोनों का मन।

वह याद...

नियति ने मिलवाया था,

सुंदर संयोग बनाया था।।

दोनों में बना ऐसा बंधन,

जैसे नाता खुशबू चंदन।।

वह याद...

कितनी मन में चाह लिये,

सजती वह अनुपम शृंगार लिये।

प्राणनाथ बसते उसके हिय में,

सोच-सोच के डरती वह जिय में।।

वह याद...

धर्म निभाकर बन गयी धर्मिता,

त्याग का अर्थ बता गयी परिणिता।

तपसी बन न गयी तुलसी के साथ में,

कर्तव्य पथ चल धर्म ध्वजा ले हाथ में।।

वह याद...

त्याग सब साधन साध्य बनाती गयी रतना,

कँटीले पथ! दीप लौ जलाती गयी रतना।

त्याग दोनों के हैं अलग इनका मर्म है,

दर्पण बनी एक जीवन रतना धन्य है।।

वह याद...

अब फूल नहीं लगते सुंदर,

काँटे दिखते उनके अंदर।

तस्वीर हृदय बसाती है,

सोच नहीं वह पाती है।।

वह याद...

दर्द रतन का लिखती है,
वीणा विरह की बजती है।
सोच में रहती थी गुमसुम,
नैनन बसे पिया तुम।।
वह याद...

रही काट समय जैसे-तैसे,
बस बिरहा में रहती ऐसे।
खुशियाँ जिसने सब वारी थी,
तुलसी की प्रिय रतना नारी थी।।
वह याद...

और नहीं कुछ कहती हूँ,
शब्द नहीं पर लिखती हूँ।
तुमको लिखना अति भाता है,
जीवन धन्य हो जाता है।।
वह याद...

रतना तुम अभिलाषा हो,
मेरी अंतस तुम पिपासा हो।
बिरहन बन उसे जलना था,

इंतजार पिया का करना था।।

वह याद...

शब्दावलियों से लिखती मैं कविता,

यादों के सागर में बहती सरिता।

तेरी यादों में कविताएँ लिख डाली,

रातों में तारे गिन देखी भोर निराली।।

वह याद...

और नहीं कुछ हमको कहना,

तुम मेरी अँखियों में रहना।

मुगलों पर जो रतना भारी थी,

धन्य-धन्य वो भारत की नारी थी।।

वह याद...

* * *

रतना ऋणी तुम्हारे हैं

ध्वनि मुखर नाद घोष,
ताल निनाद पुकारे हैं।
स्वर व्यंजन की माला ले,
हमने शब्द सँवारे हैं।। रतना ऋणी....

शब्द-शब्द में तुम बसती हो,
वर्ण की तुम मलिका हो।
बोली भाषा तुमसे सीखूँ,
हर पंक्ति की कृतिका हो।। रतना ऋणी...

मात्रा में रतना आती हो,
वाक्य बन तुम छा जाती हो।
तुम संज्ञा में आ जाती हो,
तुम सर्वनाम प्रिय लुभाती हो।। रतना ऋणी...

हृदय भाव में तुम रखती हो,
हरि नाम में तुम दिखती हो।
लिंग रूप में तुमको देखा,
वचन रूप में खींचती रेखा।। रतना ऋणी...

क्रिया रूप में ध्यान किया,
कर्ता बन उत्तम काम किया।
कामुकता पिय प्रस्थान दिया,
उल्टा तुम सीधा उत्थान किया।। रतना ऋणी...

लगे चंद्रमा सी शीतल,
रवि की गर्मी है तुम में।
मेरे हृदय की कल्पना बन,
बसती क्रिया विशेषण में।। रतना ऋणी...

रतन असर तेरा मुझ पर,
हो संयुक्त साथ निभाना,
यथार्थ बन गयी हमारी,
नहीं विषम पर तुम जाना।। रतना ऋणी...

मेरे हर छंद है तुमसे रतन,
मेरे हर गीत में तेरा आना।
मेरे संबंध है तुमसे रतन,
तुम्हें आराधक जो माना।। रतना ऋणी...

मरे उपसर्ग की तुम धामिनि,
मेरे प्रत्यय में तुम आती हो।
मेरा हर काव्य तुमसे रतना,
संगीत में तुम समाती हो।। रतना ऋणी...

तुम ही हो रतन पदबंध मेरी,
तुम ही उपवाक्य बनाती हो।
तुम ही हर द्वंद में मेरी,
तुम ही समास में ढल जाती हो।। रतना ऋणी...

सवांद तेरा ही करते हैं,

निबंध शोध को पढ़ते हैं,

ललित कला में पाऊँ तुमको,

गुणगान रतन का करते हैं।। रतना ऋणी...

तेरे नाम के पन्ने लिखती,

हर पुस्तक में देखूँ तुमको।

रस छंद का ज्ञान नहीं,

पाती लिख भेजूँ उनको।। रतना ऋणी...

अनुप्रास बन छायी हो,

रूप यमक लुभाती हो।

तुमसे ही पुनरुक्ति है,

श्लेषा में श्लाघा पाती हो।। रतना ऋणी...

विप्सा में देखा तुमको,

प्रेम काव्य की रचना है।

उपमा तुम, तुम ही रूपक,

अलंकार सुशोभित रतना है।। रतना ऋणी...

दोहा मुक्तक छन्दों से,

शब्द चुने कुछ बन्दों से।

अक्षर से न जीतें न शब्दों से हारी है

नमन कौशांबी को राजापुर भूमि न्यारी है।। रतना ऋणी...

* * *

अक्षर की अविरल कविता सी...

तुम वाल्मीकि आदिकवि रतनाकर हो,
मैं शारद कन्या अवतारी हूँ।
रूप रंग सब अदला-बदला ,
विधि निर्मित तुलसी की प्राण पियारी हूँ।।1

तुम स्नेह वाटिका जीवन के,
मैं सत्य धरातल सख्त बनी।
तुम विशाल कवि साहित्य धर्म के,
मैं शब्द सुमन कृतिका में ढली।।2

तुम बलिहार हुए राम काव्य में,
मैं अक्षर की अविरल कविता सी।
तुम निर्णायक हो मर्यादित संबंधों के,
मैं डोर हुई रचनाओं के रचिता की।।3

तुम रामायण के प्रणय प्रणेता,
मैं रतना परिणीता हूँ।
जिधर देखती जागीर राम की,
मैं सीता-राम चहेता हूँ।।4

बोल मुसाफिर किसने पथ पर,
रस्ता तेरा रोका है।
नहीं अकेले धर्म सफर में,
झुके नहीं ''सरिता'' सिर दोनों का है।

अन्त में

रतनावली नारीत्व का एक आवाहन है। कर्म, ज्ञान, भक्ति, त्याग, तपस्या,वैराग्य, धैर्य की शक्तिशाली रूप में रतनावली का दर्शन होता है। यहाँ तक कि कविता, कहानी किसी काव्य में निर्यातन की बात कम ही मिलती है। पति को फटकार शब्द इतिहास लिखित-अलिखित तरीके से बार-बार दोहराता रहा जो शायद रतनावली जैसी महान नारी के लिये तिरस्कृत शब्द था।

सभ्य समाज के इतिहास को यह सिहरा देने की बात है कि अपने सतीत्व की पराकाष्ठा के कारण तुलसीदास को संत शिरोमणि कवि कुल के सम्राट, राजापुर चित्रकूट की माटी को धन्य करने वाले गोस्वामी तुलसीदास जी को विश्व विख्यात बनाने वाली देवी रतनावली ही थी। पर इतिहास भूल गया उनके त्याग को, उनके बलिदान को। कचौट कर रख दिया इस शब्द ने मुझे बस उन्हें दो टके का फटकार शब्द ही याद रहा।

"नारी" को न "वरिष्ठ" माना जाए और न "कनिष्ठ"। "वस्तुतः वह भी पूर्ण मनुष्य है।" हर मनुष्य को जो कर्तव्य निभाने की जिम्मेदारी उठानी पड़ती है और अधिकार पाने की सुविधा रहती है वैसी ही परिस्थिति नारी के लिये भी अपेक्षित है। "यही औचित्य का प्रतिपादन, विवेक का निर्धारण और न्याय का निर्णय है।"

वरिष्ठ-कनिष्क का झंझट तब आरंभ हुआ जब उसे बंधित-प्रतिबंधित किया गया। छोटा माना गया और अनुवर्ती बनने, सेवा संलग्न रहने के लिये प्रताड़ित किया गया। इसी अनाचार के विद्रोही स्वर वरिष्ठता के प्रतिपादन में उभरे। "अच्छा यही है कि उसे एक पूर्ण मनुष्य माना जाए।" दासी न बनाया जाए तो देवी की उपाधि से अलंकृत करने की भी आवश्यकता न पड़ेगी कितना भी देश में नारी सशक्तिकरण के नारे लग रहे हो लेकिन नारी का सम्मान एक प्रस्तर के प्रतिमा को स्थापित करने में पता लगा कि नारी का सम्मान आज भी वही है जैसा सदियों पहले था।

भारत में आज अनेक विदुषी, वीरांगनाओं, राजनेत्रियों एवं समाज सुधारक नारी शक्ति की जन्म जयंती राष्ट्रीय स्तर पर मनाई जाती है। क्या संत समाज, जनमानस एवं आध्यात्मिक जगत की परम आदरणीय विदुषी कथा वाचिकाओं को यह शब्द सुमन समर्पित है कि कलम के माध्यम से जिसने समाज को सुधारा (Ratnavali w/o

    रतनावली की कवितावली

Goswami Tulsidas ji) उनकी जन्म जयंती मनाने का दायित्व नहीं है।

उनके त्याग तपस्या की धरोहर रामचरित-मानस लेकर आज कथा वाचक शीश महल में पहुँच गये। अपने कथा पंडाल से श्रोता जनों को दशांश की बात बताने वाले मेरी कलम पूछती है कि उनका दायित्व नहीं बनता कि उन्होंने गोस्वामी तुलसीदास जी और रतनावली के लिये कितना दशांश निकाला। और कितना उन्हें हृदयस्थ रखकर याद किया।

लक्ष्मी कहीं दुर्गा तू लगती रतनामाई है।

जनमा है जनक ने पर बेटी तू पराई है।

बधाई ना स्वागत सूनी पड़ी अँगनाई है।

जन्मी बेटी ढोलक ना बजी शहनाई है।

मनुज, मनुज के लिये घड़ियाली आँसू बहाना यह तो मामूली बात है मुगलों युगलों की भयंकर त्रासदी हिंदू समाज के लिये असहनीय पीड़ा बन चुकी थी। उनकी पहचान मिटाना, मूर्तियों का खंडन करना, मंदिरों का तोड़ गिरना, धार्मिक पुस्तकों जल प्रवाह या अग्नि दाह करना, बहन बेटियों के साथ दुराचार करना, उस युग की त्रासदी को लिखना। आज भी हृदय काँप उठता है।

स्वर्णिम युग की सामान्य, विदुषी, भक्तिमती, ज्ञानवती, शक्ति पूर्ण नारी बिना-अस्त्र शस्त्र के विश्व गुरु कहलाने वाले सनातन धर्म ध्वजा लहराने वाले भारत भूमि ही नहीं विदेश में भी अपने धर्म की रक्षा का परचम लहराने वाली इस वीरांगना को पुरुष समाज नमन करें या ना करें लेकिन समस्त नारी समाज इस तपस्विनी की ऋणी है। जिसने, संस्कार, सभ्यता, शिक्षा, शालीनता एवं सतीत्व के बल पर देश धर्म की रक्षा करते हुए यह साबित कर दिया की किसी देश की समृद्धि, शिक्षा और संस्कृति का पता उस देश की नारी शक्ति से पता चलता है कि नारी कितनी संस्कारवान है।

बस इसी कामना के साथ संसयुक्त कानन विश्व की आत्मा झंकृत हो उठे। रतनावली के अलौकिक चित्र और चरित्र को देख कर कौन होगा जिसे जान कर महादेवी तुलसी प्रिया रतनावली के चरणों में मस्तक नहीं झुकेगा।

हरे कृष्णा। हरे कृष्णा। हरे कृष्णा

सरिता पान्डेय

डॉ. श्री प्रकाश द्विवेदी द्वारा रचित

।।श्री रतनावली की आरती।।

ओम जय रतना माता, मैया जय रतना माता।
संत शिरोमणि पावनि,अभिमत फल दाता।।

पुरुषोत्तम लीलावति , पितामहे नाता ।
सोनौरा कुल पाठक, जन्मी शुभ ओम जय।।

शारद मानस कन्या, तपस्विनी गाता।।
दीनबंधु पाठक पितु , पारवती माता।।
ओम जय...

राशि नाम भामिनि शुभ, रतना गुहराता।
तुलसी प्राण वल्लभा,सुत तारक भाता।।
ओम जय...

तुम आदिशक्ति अंशी, विधि हरिहर ताता।
दिवेदनी अवतारी , कवि कोविद गाता।।
ओम जय...

राजापुर उद्धारी, पति उर उजियाता।
राम दरश तुलसी भा, तुम बनी विधाता।।
ओम जय...

भौंह चाप मृग नैना, अधरा मृत लाता।
सुंदर गोल कपोली, गज गामिनी राता।।
ओम जय...

भक्त वत्सला ज्ञानी, तुम करुणा धाता।
जग हित अति कष्ट सहे, पति विरह विषाता।।
ओम जय...

धर्म परायण देवी, अतुल तेज गाता।
उज्जवल चमके नैना, दाड़िम दन्ताता।।
ओम जय...

कहत प्रकाश सुधामय, तुलसी मन भाता।
जो यह आरति गावत, सुख संपत्ति पाता।।

ओम जय...

संकलन कर्ता
सरिता पान्डेय

* * *

संत शिरोमणि पूज्यपद गोस्वामी तुलसीदास जी
गर्भ ग्रह राजापुर चित्रकूट

तुलसी जन्म कुटीर पीठाधीश्वर पंडित
श्री शिवाकांत चतुर्वेदी

श्री रतनावली मूर्ति स्थापना आमंत्रण पत्र

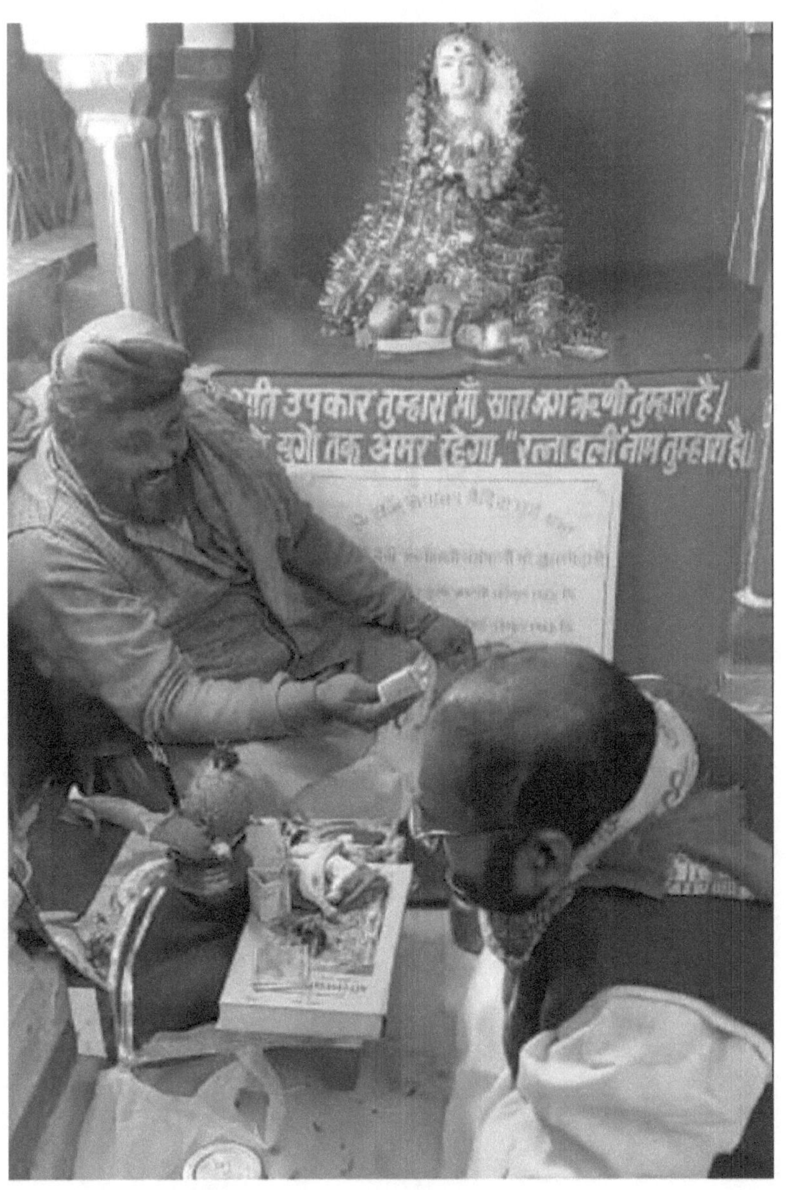

देवी रतनावली की मूर्ति स्थापना करते हुए
पुजारी अंगद चतुर्वेदी।

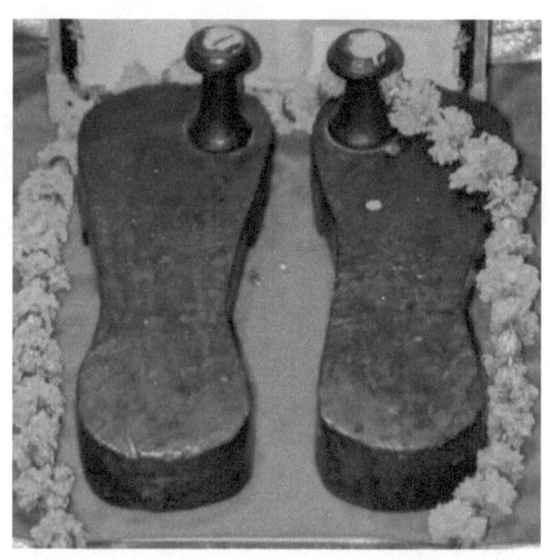

पूज्यपद गोस्वामी तुलसीदास जी की श्री चरण
पादुका तुलसी जन्म कुटीर राजापुर चित्रकूट

26/5/2022 तुलसी जन्म कुटीर राजापुर में श्री रतनावली की विग्रह
स्थापना हेतु शिलान्यास पूजन करते हुए पुजारी अनिल चतुर्वेदी